펴내는 말

운명을 바꿔주는
명재치, 명유머

재치와 유머는 기분이 아니고, 세계관(世界觀)이며 인격의 척도(尺度)가 된다. 기발한 재치가 익살이 아닌 임기응변의 기지(奇智)이며, 품위 있는 유머는 만담(漫談)이 아닌 풍자(諷刺)가 되고 위트(wit)가 되기 때문이다.

그래서 재치와 유머는 '걸림돌을 도리어 디딤돌'로 바꾸어 인생을 성공으로 이끌기도 하고, 사경(死境)의 위기를 넘기는 양약(良藥)이 되기도 하여 사람의 운명을 바꾸기도 한다.

불꽃 튀는 재치와 유머의 대결인 합동유세장(遊說場)에서 승리한 링컨은 대통령에까지 당선되었지만 그것이 부족했던 더글러스는 상원의원 선거에서도 낙선의 고배를 마셔야만 했다.

사람의 폐부를 찌를 듯한 재치와 달변(達辯)으로 자기에게 창피를 주려던 초나라 군신에게 오히려 통쾌한 보복을 가했던 안영은 제(齊)나라 정승자리에까지 올랐고, 소진(蘇秦)은 저 유명한 합종책(合從策)으로 한꺼번에 6개국의 정승이 되었으나 그들과 동문(同門)이었던 방연이나 한비자는 그것이 모자라 비명의 이슬로 사라지고 말았다.

침묵이 금(金)이라며 과묵(寡黙)만을 미덕으로 삼아 오던 우리들의 오늘날 외국인들로부터 '유머가 없는 국민'이라는 혹평을 받고 있다면 이거야말로 세계화의 역행(逆行)이요, 구시대적인 편협(偏狹)된 처세라고 아니할 수가 없다.

게다가 오늘날 제3의 혁명으로 불리는 컴퓨터 만능의 거센 파도는 현대인들을 '신속과 편리' 일변도의 생활양식으로 몰아가는 반면에 그 역기능으로 옛 사람들처럼 고즈넉이 사고(思考)하는 습성과 여유가 없어지고, 가슴으로 말하는 재치와 유머를 잃어감에 따라 웃음과 감동이 없는 하드웨어 같은 차디찬 인간사회로 변해 가는 느낌이다.

여기에서 우리들은 다시 한 번 옛 선현들이 번뜩이던 재치와 유머의 탐색이 아쉽게 되고, 그것을 익혀 어눌(語訥)하지 않게 하는 노력이 있어야 할 당위성(當爲性)을 느끼게 된다.

그러나 숱하게 많은 고사(古事)와 일화(逸話) 중에서 교훈이 되고 재치와 유머를 풍기는 것만을 가려내기란 그리 쉬운일이 아니다.

그것에는 웃음과 눈물과 경탄(敬歎)이 따라야하며 그 바탕에는 도덕과 양심의 지혜가 깔려 있어야만 우리에게 진한 감동을 줄 수 있기 때문이다.

이 책은 그러한 고사와 일화를 이삭줍기 하듯이 모아서 여덟 개의 항목으로 나눠 놓은 것으로서 다만 재미로만 읽는 일과성(一過性)의 이야기 모음이 아니라 재치와 유머의 가치정립(價値定立)을 하여 스스로 그것을 창조해 나갈 수 있는 밑거름이 되게 하기 위한 것이다
아무쪼록 온고지신(溫故知新)의 지혜와 열성으로 선인들의 재치와 유머를 몸에 익히고 그것을 삶에 적용하여 자기 개발은 물론이고 에티켓으로 가득 찬 밝은 사회 만들기와 세계화에 공헌하는 자질을 키워 가는 데에 조금이라도 보탬이 되기를 바라는 마음 간절하다.

2017년 늦은 여름에
편자 이 득 형

차 례

ㅎ 01
재치와 유머의 대결

02
성공으로 이끈 지혜와 재치

03
지도자가 지닐 지혜와 재치

04
폐부를 찌르는 재치와 유머

05
위기를 넘긴 재치와 유머

06
문제 해결의 지혜와 재치

01
재치와 유머의 대결

재치와 유머로서 가장 큰 판가름을 낼 수 있는 곳은 아마도 정치의 세계가 아닐까 합니다. 그래서 성공한 리더들의 재치와 유머들이 지금까지도 널리 애용되고 있고, 그 말들 에서 많은 교훈과 삶의 방향을 다시금 확인해 보기도 합니다. 우리에게 널리 알려진 링컨, 안영, 예수, 맹사성, 무학 대사 등과 재치 있는 많은 사람들의 삶의 방법과 위기를 모면 하는 재치는 언제나 우리들의 가슴 속을 통쾌하게 해줍니다.

대통령 후보의 유머 대결

미국의 앤드류 존슨은 세 살 때 아버지를 여읜 뒤 너무 가난해서 학교 공부를 못하고 양복점에 들어가 일을 배우게 되었다.

18세 때 구두 수선공의 딸과 결혼을 하고 아내로부터 처음 글자를 배우기 시작한 그는 밤을 낮 삼아 공부에 열성을 다하여 마침내 독학으로 정치학 박사 학위를 따고, 테네시 주의 주시사와 상원의원에까지 당선되어 세상 사람들을 놀라게 하였다. 게다가 링컨 대통령의 신임을 얻어 부통령을 역임하다가 17대 대통령 선거에 출마했다. 그때 반대 당 쪽 후보가 합동유세장에서

"유권자 여러분, 앤드류 존슨 씨는 초등학교도 못 다닌 양복쟁이 주제에 어떻게 감히 미합중국의 대통령이 되겠다고 합니까?"

하고 조롱 섞인 야유를 퍼부었다.

그러나 바로 이어 등장한 존슨은 다음과 같은 유머로 응수했다.

"그렇습니다. 유권자 여러분. 나는 앞의 후보가 말한 대로 초등학교도 다녀 본 적이 없습니다. 그러나 성경에 예수님께서도 학교에 다니셨다는 기록은 아무데도 없으며, 더구나 예수는 양복쟁이가 아닌 목수가 아니셨습니까?"

이렇게 존슨은 모든 가난한 사람들에게 희망을 안겨 주는 등불이 되었을 뿐 아니라, 학벌보다 사람됨을 중요시하는 미국 사회의 풍토를 만든 것이다.

김선달을 능가한 한수 위의 여사공

천하를 주유하던 김선달이 어느 날 나룻배를 타고 강을 건너가게 되었는데, 공교롭게도 나룻배를 탄 손님이 자기 혼자뿐이었고, 뱃사공은 30대의 여자였다.

나룻배가 강 한가운데쯤 왔을 때 농담을 좋아하는 김선달은 여사공에게 수작을 걸었다.

"여보, 마누라."

여사공이 노를 젓다말고 뒤를 돌아보니 손님이 자기를 보고 빙그레 웃고 있지 않은가. 분명히 자기를 놀리는 것으로 눈치 채고,

"보아하니 점잖으신 선비양반 같은데 어째서 초면의 나를 보고 마누라라고 하는 게요?"

하고 화를 냈다.

그러자 여기에 즉각 응수하는 김선달!

"여보시오, 내가 당신의 배 위에 올라탔으니까 당신이 내 마누라가 아니고 누구란 말이오?"

그런데 이상하게도 여사공이 그 말에 아무런 대꾸도 하지 않고 노만 젓고 있는 것이 아닌가. 김선달은 마음속으로

'내 농담이 너무 지나쳤나?'

하고 미안해하면 멀쑥해져 입을 다물고 있었다.

이윽고 나룻배가 강을 다 건너 강가에 닿자 김선달은 배에서 내려 걷기 시작했다.

그런데 이게 웬일인가? 김선달이 몇 발자국 걸었을 때 별안간 등 뒤에

서 여사공이 외치는 칼날 같은 목소리!

"야, 내 아들놈아! 잘 가거라."

깜짝 놀란 김선달은 돌아서서 여사공에게 삿대질하며 버럭 소리를 질렀다.

"아니, 여보시오, 내 나이가 지금 40줄인데, 어째서 내가 당신의 아들이란 말이오?"

그랬더니 여사공도 여기에 질세라 맞 삿대질하면서 더욱 큰 소리로 외쳤다.

"야, 이놈아! 네가 지금 내 뱃속에서 나갔으니깐 내 아들이 아니고 누구란 말이냐?"

천하에 재치꾼인 김선달도 섣불리 수작을 걸었다가 그만 한 수 위의 여사공에게 당해 밑천도 못 건지고, 고개만 떨군 채 걸아갈 수밖에……

어쩐지 석탄 냄새가

석탄을 태우면서 기차가 달리던 옛날, 어느 시골지에서의 일이다.

어느 새색시가 예로부터 내려오는 풍습에 따라 시집온 지 사흘째 되는 날 아침에 제일 먼저 일어나 우물물을 길어다가 밥을 지어 시아버지께 조반상을 정성스럽게 차려 가지고 처음으로 사랑방에 들어갔다. 시아버지는 얼굴에 웃음을 띄우고 아랫목에 앉아 군침을 삼키면서 새며느리가 차린 밥상을 기다리고 있던 참이었다.

그런데 이게 웬일인가? 시아버지 무릎 앞에 조심조심 밥상을 놓다가 너무나 긴장한 나머지 그만 새며느리 몸에서 예쁜 방귀소리가

'뽕~'

하고 길게 흘러나오는 게 아닌가. 새며느리는 얼굴이 빨개져 어찌할 바를 모르고 있는데, 바로 그때였다.

평소에 짓궂은 버릇이 좀 있는 시아버지라 새며느리의 재치를 시험해 보고 싶어

"아가, 지금 그게 무슨 소리냐?"

하고 물었다.

그랬더니 과연 재치가 있는 며느리라, 얼른 둘러대기를

"아마, 기차 기적소린가 봐요, 아버님."

하였다.

며느리의 재치를 알아본 시아버지도 한마디 덧붙였다.

"응, 그랬구나! 어쩐지 석탄 냄새가 나더라니."

천문학적 유머 대결

처음으로 화성에도 위성이 있는 것을 발견하여 유명해진 미국의 홀이라는 천문학자가 레스토랑에서 점심을 먹고 식사대를 지불할 때가 되자 주인 여자를 불러 말했다.

"음식이 아주 맛있습니다. 그 답례로 제가 천문학에 관한 이야기를 하나 해 드리겠습니다."

"그래요? 참 친절도 하시군요. 재미있으면 들려주세요."

그러자 홀은 진지한 표정을 지으며 이야기를 시작하였다.

"이 세상의 모든 일은 2,500만 년이 지날 때마다 다시 원상태로 되돌아가는 것입니다. 그러므로 우리들은 2,500만 년이 지날 때마다 다시 원상태로 되돌아가는 것입니다. 그러므로 우리들은 2,500만 년이 지나면 다시 지금과 똑같이 이렇게 여기서 만나게 되는 것이지요. 그래서 말씀인데, 한 가지 부탁드릴 말씀은 다름이 아니라 저의 오늘 식사 대금을 그때까지 외상으로 해 주시지 않겠습니까?"

이렇게 말하자 여자 주인은 웃으면서 즉시 대답했다.

"네, 좋습니다. 손님이 원하시는 대로 그렇게 해드리지요. 그런데요. 손님. 지금으로부터 2,500만 년 전에도 역시 손님께서는 저희 집에서 식사를 하셨고 그때의 외상값은 오늘 주셔야 지요."

"어이쿠! 내가 당했구나."

홀은 뒤통수를 치고 말았다. 참으로 천문학자다운 웅대한 유머였으나, 유머러스하게도 주인 여자의 유머는 그보다 한 수 위였다.

재치 있는 여학생의 응수

버스 토큰을 사용하던 시절의 어느 날 오후였다.

대학교 교문을 나오던 남학생 한 명이 낯선 여학생 곁으로 다가가서 말을 건네었다.

"저 죄송합니다만 차비가 없어서 그러는데요, 토큰 하나만 꾸어주실 수 있겠습니까?"

그랬더니 그 여학생은 즉각 뜻밖의 질문을 해 왔다.

"혹시 오늘 시간 있으세요?"

남학생은 마음속으로 이게 웬 떡이냐? 하고 얼른 대답했다.

"예, 물론이죠. 저는 오늘 시간이 보따리로 싸 가지고 다닐 정도로 많고 많습니다."

그러자 재치 있는 여학생 왈,

"그러세요? 그렇다면 걸어서 가세요."

주인과 하인의 대결

영국의 작가 스위프트는 게으른 하인 때문에 몹시 속을 태우고 있었다. 아무리 타일러도 그 하인의 게으른 버릇은 좀처럼 고쳐지지 않았다.

어느 날 스위프트가 그 하인을 데리고 마차를 몰아 며칠 동안 먼 길을 여행하고 있었다.

어느 도시에 도착하여 호텔에서 쉰 다음 날 또 길을 떠나려고 하는데, 어제 마차 바퀴에 묻은 진흙이 그대로 붙어 있는 것을 보고 스위프트는 또 머리끝까지 화가 치밀었다.

"아니, 내가 어제 마차 바퀴에 묻은 진흙을 깨끗이 닦으라고 말했는데 왜 아직 닦지 않았느냐?"

그러자 게으른 하인은 주저 없이 주인 말에 대꾸하였다.

"주인님, 어차피 오늘 또 더러워질 것인데 꼭 닦을 필요가 있겠습니까?

스위프트는 하도 기가 막혀 더 이상 나무랄 수가 없었다.

"하긴 그래, 자네 말이 옳은 지도 모르겠군."

"그렇고말고요! 주인님."

"그럼 어서 길을 떠나세."

"주인님, 저는 아직 아침 식사도 안했는데요."

"아침 식사를 꼭 해야 할 필요가 있나? 어차피 또 배가 고파질 텐데…. 그냥 떠나지 뭐"

한 수 위인 스위프트 주인의 재치로 하인은 배가 고파도 참을 수밖에…

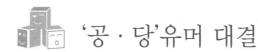# '공·당'유머 대결

　청렴결백하기로 소문난 조선 초기의 맹사성(孟思誠) 정승이 허름한 옷차림으로 고향인 온양에 다녀오다가 경기도 용인에서 갑자기 소낙비를 만난다. 비도 피하고 쉬어갈 겸 해서 객줏집에 들어갔는데, 객주집 주인은 대감을 농부나 가난한 선비인줄로만 알고 작은 구석방 하나를 치워 들게 하였다.

　그때 좋은 말을 타고 마부까지 거느린 한 젊은 선비도 비를 피해 잠시 들어와 맞은 편 제일 큰 방을 차지했다.

　잠시 후에 그 선비 역시 맹 정승을 몰라보고 먼저 말을 걸어왔다.

　"노인장, 비가 그칠 때까지 내 방으로 건너와 술이나 한잔 하면서 이야기나 합시다."

　"허허, 나도 심심하던 참인데 그렇게 하지."

　맹 정승은 곧 젊은이 방으로 가서 둘이 대작을 하기 시작했다.

　술이 거나해지자 거드름을 한껏 피우던 젊은이가 또 먼저 말을 꺼내었다.

　"노인장, 우리 이렇게 술만 마실 게 아니라, 말장난이나 한번 하면서 마십시다."

　"말장난을 어떻게 하자는 게요?"

　"말끝마다 "공"자와 "당"자를 붙여가면서 문답을 하자는 게요."

　"그거 참 재미있겠구먼. 그럼 내가 먼저 시작하지. 젊은이는 오늘 어디를 가는공?"

　"나는 서울로 간당."

　"서울엔 무엇 하러 가는공."

재치와 유머의 대결 | **21**

"녹사(綠事) 벼슬 하나 추천 받으려고 간당."

"녹사 벼슬이란 어떤 벼슬인공?"

"의정부 중추원에서 문서 기록을 하는 서리를 말한당"

"그럼, 그 녹사 벼슬 하나를 내가 시켜 줄공?"

"에기 이 거지 같은 늙은이, 벌써 망령이 들었당."

하면서 젊은이는 화를 내고 노인을 흘겨보면서 나가버렸다.

다음 날 서울에 올라 온 맹 정승이 정당에 나가 보니 어떤 젊은 선비 하나가 족사 벼슬 추천장을 받아 가지고 들어와 엎드리는데 자세히 보니 어제 용인 객줏집에서 자기를 깔보던 선비가 아닌가.

공손히 절을 하고 엎드린 선비에게 맹 정승이 먼저 그에게 말 한마디를 던졌다.

"그래, 젊은이는 녹사 추천을 받았는공?"

그 말에 깜짝 놀란 젊은이! 눈을 크게 뜨고 고개를 들어보니 '어이쿠! 이걸 어쩌나?' 영의정 좌석에 점잖게 앉은 분은 바로 어제 객줏집에서 본 노인장이 아닌가.

기절초풍을 한 젊은 선비는 그만 이마를 마룻바닥에 넙앙 내리 박으면서 이렇게 응대했다.

"아이고! 대감님, 제발 저를 죽여주시당. 죽여주시당."

안영에게 창피 당한 초 왕

제(齊)나라의 정승 '안영'은 재치와 유머가 풍부하고 근면 성실하여 백성들의 신망이 두터워 제갈공명까지도 존경하던 인물이었다.

그가 왕명을 받아 초나라에 사신으로 갔을 때 초 왕은 뛰어나다고 하는데 과연 그러한지 이번에 그를 시험하여 창피를 톡톡히 주어야겠다. 이렇게 호언장담하며 벼르고 있었다.

듣던 바대로 초 왕 앞에 나타난 안영의 키는 정말 5척(약151Cm)도 안 되었으며, 외모 또한 너무나 초라하여 왕이나 신하들 모두가 그를 우습게 여기고 거만스럽게 말을 걸었다.

"제나라에는 인물이 그렇게도 없소?"

"천만의 말씀입니다. 제나라에는 훌륭한 인물이 많습니다."

"그런데 왜 제나라 왕은 하필 그대처럼 보잘것없는 사람을 우리나라에 사신으로 보냈는가?"

"제나라에서는 사신을 보낼 때 등급을 가려서 보내는 법이 있습니다. 그 법에 따라 현명한 사람은 현명한 나라로, 보잘것없는 사람은 보잘것없는 나라로 보내집니다. 저는 우리나라 에서도 소인에 불과하여 못난 사람 측에 속합니다. 그래서 우리 상감께서는 저를 여기 초나라에 보내신 것입니다."

"……"

초 왕은 삽시간에 보잘것 없고 못난 나라의 왕이 되고 말았으니 안영에게 창피를 주려다가 오히려 자신의 창피를 당하고 말았다.

검사와 변호사의 대결

링컨이 변호사이던 시절의 이야기이다.

어느 젊은이가 강도혐의로 형사재판을 받는데 링컨이 그 젊은이의 변호를 맡게 되었다.

"피고 어머니의 증언에 의하면 피고는 이 세상에 태어난 후 한 번도 자기 농장을 떠나 본 일이 없다고 합니다. 출생 이후 줄곧 농장의 일만 해왔다는 것이지요. 그러한 피고가 멀리 떨어진 객지에 가서 강도짓을 했다는 것은 도저히 믿기지 않는 일입니다."

이렇게 링컨의 열띤 변호가 끝나자 입장이 더욱 난처해진 검사는 링컨 변호사의 말꼬리 하나를 물고 늘어졌다.

"지금 링컨 변호사의 말에 의하면 피고는 출생 이후 한 번도 농장을 떠난 일 없이 줄곧 농장의 일만 했다고 그랬는데, 그렇다면 피고의 나이 한 살 때에 피고는 농장에서 도대체 무슨 일을 했다는 것입니까?"

검사는 유치하게도 '출생 이후 줄곧'이라는 말 하나에 꼬투리를 잡고 늘어지는 것이었다.

링컨을 검사의 그 유치하고 비겁한 트집에 화가 나지 않을 수 없었다. 그래서 즉시 이렇게 응수했다.

"그야, 피고는 출생하자마자 젖 짜는 일을 했지요. 소의 젖이 아니라 그의 어머니의 젖을 말입니다."

이 말에 방청석에서는 물론이고 판사도 터질 듯 한 웃음을 애써 참느라고 얼굴 표정이 우습게 일그러졌다.

그날 재판에서 피고는 당연히 무죄판결을 받았다.

영혼으로 대응하는 재치

어느 나라에 침략군이 쳐들어와 닥치는 대로 파괴하며, 보이는 사람마다 무참하게 죽이는 일이 있었다.

그 나라에는 그러한 천인공노(天人共怒)할 만행을 막을 만한 군대의 힘이 없었기 때문에 침략군들은 온 나라를 휘젓고 다니면서 폐허로 만들었고, 심지어 수도원이 있는 마을까지 쳐들어왔다.

"장군님이 오신다는 말을 듣고 수도사들은 모두 겁이 나서 산속으로 도망쳤습니다."

하고 그 마을의 지도자는 침략군 대장에게 비겁하게도 이렇게 아첨하면서 보고했다.

그러자 지휘관은 얼굴 가득히 거만한 웃음을 띄웠다. 자기가 그렇게도 무서운 사람으로 알려진 것이 무척이나 자랑스러웠기 때문이었다. 기고만장한 그 태도를 보고 마을 지도자는 말은 덧붙였다.

"그렇지만 장군님! 아직도 한 사람은 남아 있습니다."

"그게 어떤 놈이냐? 아직도 나를 무서워하지 않는 놈이 있다는 말이냐?"

"바로 이 마을의 수도원장입니다."

침략군 대장은 즉시 부하들을 이끌고 수도원으로 가서 문을 박차고 들어가 수도원장을 노려보면서 말했다.

"너는 내가 누구인지 아느냐? 나는 눈 하나 깜짝하지 않고 단칼에 너를 벨 수 있는 사람이다."

이렇게 호통을 치자 여기에 대응하는 수도원장은 재치 있고 느긋한 태도로 침략군 대장을 압도하듯이 말했다.

"그러는 너는 내가 누구인지 아느냐? 나는 너로 하여금 눈 하나 깜짝하지 않고 단칼에 나를 베게 할 수 있는 사람이다."

천국보다 하원으로

하원의원 선거운동이 막바지에 이른 어느 날, 링컨 후보는 상대편 후보인 카트라이트 목사가 주도하는 부흥회 장소에 갔다.

카트라이트 후보는 소문 난 웅변가로서 유창한 화술로 열변을 토하며 청중을 사로잡고 열광시켰다.

그는 언성을 높이어 설교를 하던 중 난데없이 외쳤다.

"…그러므로 여러분, 진정 하나님을 사랑하며 천국에 가기를 원하는 분은 모두 일어나 보십시오."

그런데 몇 사람만이 자리에서 일어서고 모두들 어리둥절해 하며 그대로 앉아 있었다. 청중들이 그의 말을 제대로 알아듣지 못한 것이다. 카트라이트 목사는 주먹으로 연탁을 내리치면서 다시 외쳤다.

"아니, 천국에 가기를 원하는 사람이 겨우 몇 명밖에 없단 말입니까? 그렇다면 지옥으로 가고 싶지 않은 사람은 모두 일어나 보십시오."

이 말이 끝나자 이번에는 모두들 벌떡벌떡 일어섰다.

그런데 이게 웬일인가. 저기 한 구석에 오직 한 사람만이 그대로 앉아 있었다. 바로 링컨 후보였다.

그것을 발견한 카트라이트 후보는 그것을 놓칠세라 링컨을 향해 삿대질을 하며 소리쳤다.

"링컨씨, 당신은 어디로 가실 작정입니까?"

이때 링컨은 즉흥적으로 대답했다.

"나는 우선 천국보다 하원으로 가겠습니다."

순간 강당에서는 떠나갈 듯 한 박수와 폭소가 터졌다. 그리고 그는 그가 말한 대로 그 선거에서 승리하여 하원으로 갔다.

용서를 구하는 방법

노나라 공자가 제자들을 이끌고 주유천하 할 때의 일입니다.

몹시 더운 어느 여름 날 더위를 피해 잠시 가던 길을 멈추고 나무그늘에 앉아 쉬고 있는데, 그 사이에 타고 온 말들이 남의 콩밭에 들어가 잘 자라고 있는 콩을 망쳐 놓고 말았다.

"아니, 남의 콩 농사를 망쳐 놓았으니 콩 값을 물어내시오."

농부가 야단을 치며 돈을 요구했지만, 일행은 가진 돈이 없었다.

"여보시오 농부, 참으로 미안하게 됐소. 말 못하는 짐승이 그랬으니 이해하시구려. 우리는 가진 돈이 없다오."

공자의 제자인 자공이 나서서 용서를 구했으나 농부는 막무가내였다.

이때 가장 나이 어린 제자가 자기가 말해 보겠다고 했다.

"자네가 가 보아야 어림도 없을 것이네."

하고 자공이 말렸지만 젊은 제자는 농부에게 가서 말했다.

"농부님의 밭은 참으로 넓습니다. 보아하니 이쪽 끝에서 저쪽 끝가지 걸쳐 있으니 저희들의 말이 농부님의 밭 말고는 어디 풀 한 포기라도 뜯어먹을 데가 없지 않습니까? 그러므로 말들이 농부님의 콩밭을 망쳐 놓은 것은 물론 잘못이지만, 그 전에 더 큰 이유는 농부님의 밭이 너무 넓기 때문인 것이 아니겠습니까? 그러니까 농부님은 농부님의 밭 넓이만큼의 넓은 아량으로 한 번만 용서해 주십시오."

이렇게 말하자 농부는 빙그레 웃으면서

"젊은이는 앞서 왔던 사람에 비해 예의를 지킬 줄 아는구려."

하고 용서를 해 주었다.

극작가 버나드 쇼의 멋진 대응

'무기와 인간'이라는 극본으로 처음 무대에 올려 첫 회 공연을 성공리에 마친 극작가 버나드 쇼가 흥분한 표정으로 무대에 올라가 관중의 환호에 답례 인사를 하였을 때의 일이다. 관중들 모두가 또 한 번 열연한 박수로 그에게 찬사를 보냈다. 그러나 박수가 끝나갈 무렵에 한 젊은 관객이 자리에서 일어나 큰 소리로

"버나드 쇼, 당신의 극본은 누가 봐도 형편없는 작품이오. 그 공연을 즉각 중시하시오."

하며 빈정거렸다.

그러자 극장 안에는 갑자기 물을 끼얹은 듯 조용해졌다. 모두 버나드 쇼가 어떻게 반응할 것인가가 궁금했던 것이다. 그러나 버나드 쇼는 웃으면서 아주 공손하게 대답을 했다. "손님이 주신 저의 작품 평가에 대해 저도 전적으로 동감입니다. 정말로 저의 작품은 형편없는 것이지요."

이렇게 말하고는 관중 전체를 한 번 둘러보고 다시 그 손님을 향해 이렇게 말했다.

"그런데 손님, 한 가지 안타까운 일이 생겼습니다. 당신과 나, 겨우 두 사람만의 힘으로 어떻게 저 많은 사람들의 열렬한 박수와 찬사를 막을 수 있을지 그것이 걱정입니다."

버나드 쇼가 재치 있는 유머로 대응하자 조용하던 장내는 갑자기 폭소와 함께 또다시 우렁찬 박수가 터져 나왔다.

공연히 버나드 쇼를 깎아 내리고 골탕 먹이려던 그 젊은이는 폭소와 박수 소리가 한참 동안 울려 퍼지는 속에서 어느 틈에 어디론가 사라져 버리고 말았다.

나라 살린 현고의 재치

중국의 춘추시대에 있었던 이야기이다.

정나라의 재상인 현고가 고향으로 휴가를 갔다. 하루는 한가롭게 소 떼를 몰고 풀이 많은 곳을 찾아 산길로 가고 있었다.

이때 현고는 갑자기 나타난 많은 군마와 마주쳤다. 바로 이웃 나라인 진나라 정예병들이 말을 타고 급습해 온 것이다. "우리는 진나라 군사들이다. 너희 정나라를 치고자 하니 어서 길을 비켜라. 비키지 않으면 먼저 영감부터 죽일 것이다."

이렇게 소리치면서 현고의 앞을 가로막았다.

현고는 적군이 자기의 신분을 알아채지 못하는 것을 다행으로 생각하고 즉흥적인 재치를 발휘하였다.

"우리나라 왕께서는 오늘 여러분이 쳐들어 올 것을 미리 알고 저에게 이 소 떼를 몰고 가서 주라고 했습니다. 우리나라는 비록 작지만 여러분이 행군에 지쳐 있을 것이니 잡아먹으라는 뜻입니다."

이렇게 여유만만하게 말하자 진나라 장군은 깜짝 놀라며 "아하, 정나라는 우리가 기습으로 공격해 올 것을 벌써 알고 있었구나. 이는 필시 우리 측에 정나라와 내통하는 간첩이 있었던 것이 틀림없다. 그렇다면 정나라는 이미 완벽한 방어태세를 갖추고 있을 것이 아닌가. 하마터면 우리가 협공을 당할 뻔 했구나."

하며 지레 겁을 먹고 즉각 말머리를 돌려 철수했다.

현고가 적군의 출연에 놀라 우물쭈물 했더라면 정나라는 낭패를 당했을 것이지만, 즉흥적인 재치와 기발한 발상으로 여유 있게 적군과 대결하여 자기 목숨과 나라를 구한 것이다.

이태조와 무학대사의 '마음의 눈'

이태조와 무학 대사가 마주 앉아 이야기를 주고받았다.

이때 느닷없이 이태조가 말했다

"내가 보기에는 대사의 얼굴이 마치 돼지같이 보이는데, 대사의 눈에는 내 얼굴이 무엇같이 보이는고?"

"예, 소신의 눈에는 대왕의 용안이 신선같이 보입니다."

"음…나는 분명히 사람인데 어째서 내 얼굴이 신선같이 보이는고. 대사는 내게 아첨하는 것이 아닌가?"

"아니올시다. 대왕님, 원래 사람의 눈은 마음의 창문이기 때문에 보는 사람의 마음에 따라서 모든 것이 좋게도 보이고 나쁘게도 보이는 것입니다."

대사의 이 말에 이태조는 그만 아무 말도 못하고 입을 다물었다.

그렇다. 눈은 마음의 거울이오, 마음의 창문이다. 그래서 눈만 보아도 그 사람의 마음씨를 알 수 있다.

우리들이 검은 색안경을 쓰고 보면 모든 것이 어둡게만 보이듯이, 마음이 미운 사람은 꽃을 보아도 예쁜 줄을 모르고 공연히 투정을 부리며, 남한테 시비를 걸어 자기 마음만 더 상하게 한다.

그러나 마음씨 고운 사람의 눈에는 세상의 모든 것이 예쁘고 착하게만 보여 누구를 만나도 반갑고 정다워진다.

대왕의 얼굴이 마치 신선같이 보인 것은 무학 대사의 마음이 신선같이 선하기 때문이다.

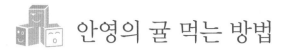 # 안영의 귤 먹는 방법

지략이 뛰어난 제(齊)나라의 정승 안영이 조나라에 사신으로 갔을 때의 일이다.

초나라 왕은 임기응변술이 높다고 소문 난 안영을 시험하고 창피를 톡톡히 주기 위해서 여러 가지 계략을 꾸몄다.

우선 초나라에서는 생산되지만 북쪽에 있는 제나라에서는 생산되지 않는 귤을 주면서 안영이 그것을 어떻게 먹는가를 보려고 하였다.

귤을 처음 본 안영은 먹는 방법을 몰라 껍질째 그냥 먹었다. 그것을 보고 초 왕은 마음속으로 냉소를 지으며

"아니, 그대는 귤이 얼마나 먹고 싶었기에 껍질까지 다 자시오?"

하고 비웃었다. 그러자 안영은 재치 있게 둘러댔다

"아니올시다. 신이 들은 바에 의하면 임금이 하사하신 과일은 임금의 명령 없이는 절대로 그냥 먹는 법이라 합니다. 대왕께서 하사하신 이 귤은 우리 임금이 주신 것이나 다름없다고 신은 생각하고 있으므로 왕께서 껍질을 벗겨 먹으라는 명령이 없으신데 어찌 감히 함부로 껍질을 벗겨 먹을 수 있겠습니까?"

이 말에 초 왕과 신하들은 쓴웃음을 지으면서 아무 말도 못했다 한다.

초나라 왕을 한껏 추켜 주는 척하면서 한편으로는 왕에 대한 예의를 강조해 초나라 대신들은 곤혹스럽게 해준 기발한 유머였다.

천하일품의 유머 대결

영국의 거물급 정치가로 알려진 글래드스턴이 19세기 말엽에 국회에서 활약하던 때의 일이었다.

어느 날 글래드스턴은 같은 의원인 디즈레일리 씨를 향해 듣기에도 민망할 정도의 큰 실수를 저지르고 말았다.

디즈레일리 의원이 여러 의원들에게 설득력 있는 정견발표를 훌륭히 마친 뒤, 느닷없이 글래드스턴 의원이 일어섰다.

"디즈레일 씨, 그렇게 말하는 당신의 행동은 대체 그게 뭐요? 내가 들은 믿을 만한 소식통에 의하면 당신은 성병에 걸렸다는 데 그게 사실이오?"

청천벽력 같은 이 말에 국회의사당 안은 삽시간에 찬물을 끼얹은 듯 조용해졌다.

너무나 끔찍한 모역을 당한 상대방이 어떻게 대항해 나올 것인가, 모두들 숨을 죽이고 기다리고 있었다.

그런데 정작 모욕을 당한 디즈레일리 의원은 싱글벙글 웃고 있다가 미안스러운 표정을 지으면서 입을 열었다.

"글래드스턴 씨, 당신은 그걸 어떻게 알았습니까? 내가 당신의 애인과 비밀리 하룻밤 자고 나서 그렇게 되었는데, 아마 그 여자가 당신에게 그것을 일러바친 모양이구려."

그 순간 의사당 안은 폭소가 터져 온통 웃음바다가 되고 말았다.

자기에게 준 모욕에 대해 기발한 말 한마디로 오히려 상대방에게 그 치부를 슬쩍 뒤집어 씌우는 재치와 유머는 참으로 천하일품이었다.

못생긴 '링컨'의 명답변

아브라함 링컨에 관한 일화는 참으로 많다.

그는 선거 유세장에서 자기 얼굴이 못생긴 것까지도 재치 있는 유머를 활용하여 상대방 후보로부터의 공격을 멋지게 물리쳤다.

상원의원 선거 합동유세장에서 먼저 연단을 올라간 더글러스가 링컨에게 인신공격을 하기 시작하였다.

"유권자 여러분. 상원의원이 되려면 누구보다도 법을 잘 지킬 줄 알아야 하는데 링컨 후보는 과거 자기가 경영하던 식료품 상점에서 술을 팔 수 없는 규정을 어기고 몰래 술을 팔았습니다. 이렇게 준법정신이 없는 사람이 어떻게 상원의원이 되겠다는 것입니까?"

이렇게 준법성을 따지며 치명적인 폭탄발언을 했다.

그런데 이에 대응하는 링컨은 조금도 당황하는 기색이 없이 여유 있는 태도로 연단에 올라갔다.

"존경하는 유권자 여러분, 지금 더글러스 씨가 한 말은 틀림없는 사실입니다. 그러나 여러분! 식품점에서 술을 파는 것이 위법이라면 그 술을 사가는 사람도 당연히 위법이 아니겠습니까? 그런데 그때 우리 상점에서 가장 많은 술을 사간 사람이 바로 여기 계시는 더글러스 씨였다는 것도 틀림없는 사실입니다."

이렇게 응수하자 청중석에는 폭소와 함께 우레와 같은 박수가 터져 나왔다. 참으로 통쾌하기 짝이 없는 시원한 반박이었다.

이에 흥분한 더글러스는 얼굴이 벌게 가지고 약삭빠르게 다른 곳으로 말꼬리를 돌려

"링컨 후보는 아주 교활하고 부도덕하여 두 얼굴을 가진 이중인격자입니다."

하고 비아냥거리면서 이번에는 도덕성을 들먹거리며 또다시 맹렬한 공격을 해왔다.

이에 대해 링컨은 차분한 음성으로 다시 대응 하였다.

"지금 더글러스 후보 께서는 저에게 두 얼굴을 가진 이중인격자라고 하셨습니다. 그러나 그 말도 역시 격에 맞지 않는 틀린 말입니다. 왜냐하면 유권자 여러분, 생각해 보십시오. 만일 제가 또 하나의 얼굴을 가졌다면 오늘같이 여러 유권자 앞에 나오는 중요한 날에 잘 생긴 얼굴로 나올 것이지 왜 하필 이렇게 못생긴 얼굴을 가지고 이 자리에 나왔겠습니까? 여러분!"

이 말이 떨어지자 청줄 들은 또 한 번 박장대소를 하면서

"링컨! 링컨!"

하고 외치며 한참 동안이나 아우성이 그치지 않았다.

선거 결과는 예상대로 링컨에게 절대 다수의 표가 몰려 무난히 당선되었다.

링컨의 얼굴이 못생긴 것은 세상이 다 아는 사실이었고, 그것을 재치와 유머로 솔직하게 선거전에 활용한 링컨의 기지는 참으로 놀라운 것이었다.

사또와 미녀의 대결

　음흉스럽고 호색가였다 충주목사는 자기가 데리고 있는 이방의 소실이 절세미인이라는 소문을 듣고 그 여자를 빼앗을 흉계를 꾸몄다.
　하루는 느닷없이 이방을 불러 놓고
　"내가 세 가지 묻는 말에 대답을 못하면 너의 소실을 지체 없이 내게 줘야 한다.
　하면서 질문을 시작했다.
　"너의 집 사랑채 앞의 배나무에 가지마다 참새가 앉으면 모두 몇 마리나 앉을 수 있겠느냐?"
　"모르겠습니다."
　"보름달은 하룻밤에 몇 리나 가겠느냐?"
　"그것도 모르겠습니다."
　"그러면 내가 지금 앉겠느냐 , 서겠느냐?"
　"그것은 더욱 모르겠습니다."
　"그렇다면 이방이 내 질문에 하나도 대답을 못했으니까 약속대로 너는 소실을 내게로 데리고 오너라."
　이렇게 해서 이방은 억울하게도 자기의 예쁜 소실을 사또에게 빼앗길 수밖에 없었다.
　이방이 데리고 온 소실은 과연 절색이었다. 미녀를 손쉽게 빼앗은 사또는 기쁨에 넘쳐 그 여자를 향해 양팔을 벌리면서 말했다.
　"자, 어서 이리 오너라."
　"제가 사또 곁으로 가는 거야 바쁠 것이 없습니다만, 대관절 저의 지

아비가 무슨 잘못을 해서 제가 여기에 오게 됐습니까?"

"그럼 네가 한번 대답해 보겠느냐? 너의 집 배나무에 참새가 몇 마리 안 앉을 수 있겠느냐?"

"네, 이천오백삼십칠 마리가 앉을 수 있습니다."

"어찌 그렇게 자세한 숫자가지를 아느냐?"

"지난해 가지마다 배가 열렸는데 모두 따서 세어 보니 꼭 이천오백삼십칠 개였습니다. 참새가 가지마다 앉으면 그 정도는 앉을 수 있을 것입니다."

"그러면 보름달이 하룻밤에 몇 리나 가겠느냐?"

"팔십오 리는 갑니다."

"어째서 달이 겨우 팔십오 리 밖에 못간다는 게냐?"

"지난달 저의 친정어머니의 부고를 받고 제가 달이 뜰 때 출발해서 친정에 도착하니 그때 달이 서산에 넘어갔습니다. 그날 밤 저는 친정까지의 팔십오 리 길을 달하고 같이 동행을 했으니까 이것은 틀림없는 거리입니다."

"음! 그건 그럴듯하다. 그럼 마지막으로 지금 내가 서겠느냐? 아니면 내가 앉겠느냐?"

이때 여자는 벌떡 일어서면서 사또에게 반문을 했다.

"그럼 나리, 제가 지금 울겠습니까? 웃겠습니까? 나리께서 먼저 대답해 주시지요."

일이 이쯤 되고 보니 미인과의 유머 대결에서 사또의 음흉한 흉괴는 여지없이 깨지고 말았다.

지적(知的) 재산권

미국으로 이민 간 A씨는 이민 간 그날부터 불면증이 생겨 밤에 잠을 잘 수가 없었다.

친구의 소개를 받아 어느 병원에 전화를 걸어 불면증의 치료 방법을 물어보았다. 의사는 먼저 A씨의 주소와 이름을 물어본 다음

"당신은 저녁에 위스키 두 잔만 마시고 자면 잠이 잘 올 것이오."

하고 가르쳐 주었다.

A씨는 의사의 말대로 그날부터 자기 전에 위스키 두 잔을 마시니 정말 잠이 잘 와서 편안히 잘 수가 있었다.

그런데 며칠이 지난 후 였다. 뜻하지 않은 청구서 한 장이 병원으로부터 날아왔다.

일금 10달러 ○일까지 송금하라는 청구서에 은행 계좌번호까지 적혀 있었다.

A씨는 하도 어이가 없어서 변호사에게 전화를 걸어 또 물어보았다.

"나는 의사의 진찰을 받은 적도 없고 치료약을 받은 일도 없이 다만 전화로 잠을 잘 잘수 있는 방법을 물어 본 것뿐인데, 그걸 가지고 10달러나 요구하다니 이건 너무 심하지 않습니까?"

하고 하소연을 했다. 그랬더니 변호사는 이렇게 말해주었다. "당신은 그 의사로부터 잠을 잘 잘 수 있는 지혜를 받았으니까 당연히 요구하는 돈을 주어야 합니다."

A씨는 이 말을 듣고 할 수 없이 10달러를 기일 안에 송금해 주었다.

그런데 이게 웬일인가, 2,3일이 지난 후 청구서 한 장이 또 날아왔다.

A씨는 서둘러서 봉투를 뜯어보니 이번에는 변호사가 10달러를 요구하는 청구서였다.

화가 머리끝까지 난 A씨는 자기 친구에게 전화를 걸어

"세상에 이렇게 야박하고 매정스런 나라에서 어떻게 사나? 이럴 줄 알았으면 이민을 오지 않을 것인데……."

하고 푸념을 했다.

그 친구는

"그것은 그 의사와 변호사들의 소중한 '지적 재산권'이라네. 그 사람들은 그 지식을 닦기 위해서 많은 투자도 했고 남다른 노력을 했기 때문에 그에 정당한 보수를 요구하는 것이니까 자네는 마땅히 지불해야 하네."

하고 일러주었다.

그러자 A씨는 대뜸 그 친구에게 대들었다.

"그렇다면, 자네는 지금 나한테 그것을 가르쳐 준 보수를 얼마나 또 요구할 것인가?"

"나는 자네에게만은 특별히 무료 봉사할 것이니까 너무 걱정하지 말게나. 하하하."

두 사람은 한바탕 웃으며 소위 선진국에서의 치열한 '지적 재산권'싸움의 실상을 새삼스럽게 실감했다.

재치 있는 예수의 답변

"로마에 세금을 바쳐야 합니까, 바치지 말아야 합니까?"

예수를 시기하던 예루살렘의 율법학자들이 어느 날 예수를 찾아와서 이렇게 질문하였다.

예수는 새로운 지도자이며 위안을 해 주시는 분이라고 핍박받는 민중들에게서 인기를 모으고 있을 때,

'어떻게 하면 민중들에게서 예수를 떼어놓을 수 있을까'

하고 고심하던 율법학자들이 예수를 곤경에 빠뜨리기 위해 이러한 질문을 던진 것이다.

당시 예루살렘은 로마의 지배하에 있었기 때문에 세금을 바치지 않아야 한다고 말하면 예수는 즉시 로마군에게 체포되고 말 것이며, 반대로 세금을 바쳐야 한다고 말하면 독립을 바라고 있는 유대인들을 배신한다고 예루살렘 시민이 당장 등을 돌릴 것이므로 예수에게는 참으로 곤혹스럽고 난처한 질문이었다.

예수는 율법학자들이 자기를 곤경에 빠뜨리려는 질문임을 알고 주머니 안에서 동전 한 푼을 꺼내어 율법학자들에게 보이면서 이렇게 반문하였다.

"이 돈에 새겨진 초상은 누구의 초상입니까?"

"그것은 케사르의 초상입니다."

"그렇다면 그것은 케사르의 것이니 케사르에게 돌려주는 것이 좋을 것이오. 그리고 신의 것은 언제나 신에게로 돌려보내십시오."

이렇게 통쾌하게 대결하여 그들의 올가미를 물리쳤다.

운수 대통한 남자

"아니, 깨끗한 모시에다가 왜 먹물을 들였소?"

광해군 때의 김효성은 며칠 동안 기생집에서 실컷 놀다가 집에 돌아와 먹을 들인 모시 한 필을 보고 부인에게 물었다. "당신이 나를 아내로 여기지 않고 당신 멋대로 밖에 나가서 계집질만 하고 있으니까 나도 이제는 당신을 남편으로 여기지 않고 내 멋대로 살려고 해요."

"그래요? 미안하게 됐구려. 그런데 부인 멋대로 산다면서 왜 하필이면 하얀 모시에다가 먹물을 들였소?"

"이것으로 승복을 해 입고 절간으로 가려고요."

"절간으로 가다니! 그럼 부인이 여승이 되겠다는 말이오?"

"당신과 나는 내외간이 아니고 원수지간이니까 나는 당신과 헤어져 절로 들어가 스님이 되겠어요."

이렇게 말하면 남편이 잘못을 반성하고 외도를 하지 않겠지 하고 연극을 꾸민 부인은 남편의 표정을 유심히 살펴보았다.

그러나 김효성은 그만한 연극에 넘어갈 사람이 아니었다.

그는 한바탕 너털웃음을 웃고 나서 이렇게 말했다.

"여보 부인, 그것 참 잘 됐구려. 나는 원래 타고난 성품이 여자를 좋아해서 기생은 물론 무당과 유부녀, 심지어는 천한 종년하고도 같이 자 보았소. 그런데 딱 한 가지 여승하고는 아직 관계하지 못했었는데 이제 여승하고도 같이 잠을 자보게 되었으니 나야말로 운수 대통한 남자가 아니겠소."

그 아이가 내 아이라면?

호라스만 교수는 19세기에 미국민을 이끈 훌륭한 교육자였다.

그가 어느 날 새로 지은 소년감화원 개원식에 초청을 받고 가서 축사를 하게 되었다.

워낙 유명한 교육자로 이름이 알려진 호라스만 교수는 수많은 참석자들의 우렁찬 박수를 받으며 연단에 올라섰다.

상 · 하원의원들을 비롯하여 각계각층의 많은 하객들이 호라스만 교수의 훌륭한 연설을 듣기 위해 모두 숨을 죽이고 귀를 기울이고 있었다.

그는 우선 감화원 건축에 공이 있는 분들에게 감사 표시를 하고 나서 소년감화원 역할의 중요성을 강조하는 가운데 "…이 감화원에서 단 한 명의 소년이라도 감화를 받고 선량한 소년이 되어 사회와 가정으로 돌아간다면 이 시설을 만드는데 에 든 모든 비용과 노력은 보상이 되고도 남을 것입니다."

이렇게 말한 대목이 있었다.

개원식이 끝나고 호라스만 교수는 많은 사람들의 뜨거운 박수를 받으면 인사를 나누었다.

그런데 그때 어느 신사가 다가와서 자기는 경제인이라고 소개한 후에 호라스만 교수를 비꼬듯이 이렇게 말했다.

"교수님, 아까 축사를 하시는 가운데 단 한명의 소년이라도 감화되어 여기에서 나간다면 모든 비용과 노력이 보상되고도 남는다고 말씀하셨는데 그건 좀 너무 지나치신 말씀이 아니겠습니까?"

"지나치다니요. 그것이 얼마나 훌륭한 일인 데요?"

호라스만 교수는 정색을 하며 반박을 하였다. 그런데 그 신사도 굽히

지 않고 자기주장을 내세우기 시작하였다.

"교수님, 이 소년감화원을 신축하는 데에 돈과 인력이 얼마나 들었는지 아십니까?"

하며 토지 매입에 얼마가 들고 건축비는 얼마가 들고…하면서 비용이 엄청나게 들었다는 것을 장황하게 설명하였다.

호라스만 교수는 눈을 감고 조용히 그것을 다 들어주었다.

"이렇게 막대한 국가 재정을 쏟았는데 거기에서 겨우 한명의 소년을 감화시켜도 그것의 보상이 되고도 남는다는 것은 너무나 잘못된 계산이 아닙니까?"

이렇게 그는 주위에서 듣고 있는 사람들에게도 자기의 논리가 당연하다는 것을 자랑삼아 큰 소리로 이야기 하였다.

그의 말이 끝나자 호라스만 교수는 감았던 눈을 뜨고 조용히 그에게 말했다.

"당신은 인간성의 개조를 돈으로 계산할 수 있습니까?"

"물론 정확히 물리적인 계산처럼 할 수는 없지요. 그러나 이 엄청난 비용과 소년 하나의 감화를 비교한다면 그것은 아무래도 ……."

호라스만 교수는 그의 말을 손을 들어 가로막으며

"여보시오, 그 감화된 소년 하나가 바로 당신의 아들이라면……?"

이렇게 반문하였다.

그 말은 들은 신사는 그만 아무 말도 못하고 호라스만 교수에게 고개를 숙이고는 도망치듯이 사라지고 말았다.

모든 아이들은 내 아이처럼 여길 줄 아는 공동체적인 사랑!

그것이 없다는 점. 그리고 이윤을 바탕으로 건설되는 사회는 인간을 위한 교육이 아니라 물질을 위한 교육이 되고 만다는 것을 통연히 꼬집는 호라스만 교수의 통쾌한 응수였다.

80만 대군을 물리친 세치혀

거란의 소손녕은 고려의 북쪽 땅을 떼어 달라는 요구를 하며 80만 대군을 이끌고 고려로 침입해왔다.

다급해진 고려왕은 즉시 군신회의를 열었지만 조정의 중신들 대부분은 우선 나라의 운명을 지키기 위해서는 거란의 요구대로 우리 땅 서북쪽을 떼어 주어야 한다는 중론이었다.

거란의 대군과 맞싸울 힘이 없었던 당시 고려의 형편으로서는 어쩔 수 없는 일이었다.

그러나 외교관인 서희는 그것에 반대하며 왕에게 아뢰었다.

"전하, 거란의 요구를 받아들여서는 아니 되옵니다. 신이 적진에 들어가 소손녕을 만나 말로써 설득시켜 보겠습니다."

"그렇게 된다면 참으로 얼마나 다행한 일이겠소. 짐은 오직 경의 성공만을 빌고 있겠소."

왕은 이렇게 말하며 중신들의 비웃음 속에서도 서희를 격려하였다. 서희는 왕의 전송을 받으며 말을 타고 적진 속으로 들어갔다.

"나는 고려의 외교관 서희다. 소손녕 장군을 만나러 왔으니 어서 나를 안내하여라."

서희는 당당하게 소손녕 앞에 버티고 섰다.

이때 소손녕은 키가 자그마한 서희를 깔보고 내려다보면서

"우리 거란 대국의 귀인인 나에게 소국인 고려의 사신은 먼저 뜰에 엎드려 절부터 올리는 것이 예의가 아니겠소?"

하면서 으름장을 놓았다. 그러나 서희는 굴하지 않고 맞서며

"두 나라 대신끼리 회견을 하는 자리에서 어찌 그런 일이 있겠소?"

소손녕은 서희의 기를 처음부터 꺾어버리려고 했으나 그것이 좀처럼 만만치 않다는 것을 느꼈다. 마침내 두 대신은 탁자를 사이에 두고 마주 앉아 설전을 벌이기 시작했다. 서희가 먼저 입을 열었다.

"장군. 장군이 우리 고려를 침입한 이유를 먼저 말하시오."

"당신의 나라 고려는 신라의 뒤를 이은 나라요, 우리 거란은 고구려의 옛 땅에 세운 나라인데, 우리가 차지할 땅 일부를 고려가 먼저 차지하였으므로 그것을 찾으려고 왔소이다."

"그게 무슨 황당한 말씀이오. 그건 장군이 잘못 알고 있는 것이오, 우리 고려는 신라를 이은 것이 아니라 옛 고구려를 계승하여 나라 이름까지도 '고려'라고 하였잖소. 그러므로 고구려의 옛 땅을 차지하는 것은 당연한 일이며, 오히려 지금 거란의 도읍지인 동경마저도 옛날에는 우리 고구려 땅이었다는 것을 장군을 알고 있어야 하오."

이렇게 유창하게 마치 물 흐르는 듯 한 서희의 조리 있는 말에 소손녕은 그만 대꾸할 말을 잃고 있었다. 그러다가 잠시 후에 소손녕은 다른 문제를 꺼내어 트집을 잡았다.

"그렇다면 고려는 가까운 우리 거란과 먼저 외교관계를 맺지 않고 왜 바다 건너 송나라와 먼저 국교를 맺고 있소?"

"참으로 장군은 딱하시오. 그것은 거란과 우리 고려 사이에 있는 여진을 쫓아내고 길을 열어주면 우리는 거란과 즉시 외교를 맺을 수 있는 일이 아니겠소."

서희는 오히려 거란이 여진을 물리쳐 주길 은근히 바랬다.

"당신의 말을 들어보니 과연 정당한 말이구려."

드디어 두 나라 대신의 담판을 끝났다. 소손녕은 청천강에서 압록강까지 놀라운 재치와 세치혀만으로 80만이라는 대군을 물리쳐 나라를 지켰던 것이다.

욕심 많은 부자의 망신

머슴한테 일만 시키고 새경을 안 주는 욕심꾸러기 부자가 있다는 소문을 듣고 하루는 어느 젊은이가 찾아왔다.

"나는 너를 먹여주고 재워주기는 하지만 새경은 한 푼도 못준다. 그러니 우리 집에서 일을 하려면 하고, 싫으면 그만 두어라."

"네, 알겠습니다. 주인님의 말씀대로 먹여주시고 잠만 재워주신다면 저는 새경 따위는 바라지 않겠습니다."

이 말에 부자는 속으로 '옳거니! 오늘은 웬 호박이 넝쿨째 굴러왔냐' 생각하면서 똑같은 계약서 두 통을 써 왔다.

"나중에 딴소리 하면 안 되니 여기에 손도장을 찍어라."

젊은이가 그 계약서를 보니 분명히 이렇게 적혀 있었다.

'앞으로 3년간 먹여주고 잠만 재워 주면 세경은 없음'

젊은이와 부자는 그 계약서에 나란히 손도장을 찍고 한 장씩 나누어 가졌다. 그리고 젊은이는 주인에게 다짐을 받아두었다.

"주인님, 앞으로 주인님이나 제가 이 계약서를 어기면 어찌 됩니까?"

"그야 말할 것도 없이 관가에 끌려가 죽도록 볼기를 맞지."

"잘 알겠습니다. 주인님."

다음 날 아침, 해가 뜨자 부자는 오늘 머슴이 할 일을 일러 주려고 머슴방에 갔다. 그런데 젊은이는 밥은 먹지 않고 밥상 앞에 가만히 앉아 있는 것이 아닌가. 주인은 화를 벌컥 내며 말했다.

"아니, 이놈아! 어서 밥을 먹고 일 하러 나가야지, 왜 밥상 앞에 부처

님 같이 앉아만 있어?'

그랬더니 젊은이는 오히려 태연하게 대답하는 것이 아닌가.

"주인님이 밥을 먹여 주셔야 먹지요."

"네 이놈! 밥은 네가 먹어야지 어린애처럼 누가 먹여줘?"

"어제 주인님께서 쓰신 계약서에 분명히 3년 동안 먹여 주신다고 했으니까 이렇게 기다리고 있는 게지요.

"뭐야? 이놈아, 그런 억지가 어디 있어?"

"그럼, 계약서를 꺼내 볼가요? 그리고 만약에 그 계약을 어기면 관가에 글려가서 죽도록 볼기를 맞는다고 하셨죠?"

아뿔싸! 이걸 어쩌나? 부자는 젊은이의 올가미에 걸리고 말았다. 그러나 오늘 당장 머슴에게 일을 시키자니 할 수 없이 밥을 먹여 줄 수밖에… 젊은이는 주인이 먹여주는 밥을 덥석덥석 받아먹고 들에 나가서 일을 시작했다.

점심때가 되자 부자는 일을 시킬 욕심으로 젊은이에게 또 밥을 먹여주는 치욕을 참을 수밖에 …그런데, 그날 밤이 되자 젊은이는 잠을 자지 않고 주인에게 와서 졸랐다

" 주인님, 저를 어서 재워주셔야 잠을 자지요."

"뭐야! 이놈아, 잠까지 재워 달라고?"

"그럼 계약서를 또 볼가요? 그리고 만약에 그것을 어기면 관가에 먼저 가서 볼기를 죽도록 맞는다고 하셨죠?"

젊은이의 기발한 재치에 욕심 많은 부자는 3년 동안 그 창피를 당하게 되었으니 참으로 기가 찰 일이었다. 부자는 두 손을 싹싹 빌었다.

"여보게 젊은이, 날 좀 살려주게. 내 재산의 절반을 자네에게 나누어

줄 테니 제발 그 계약서를 찢어 버리세."

젊은이는 계약을 물러 주는 대가로 많은 돈을 받아 가지고 그 집에서 고생하다가 나간 머슴들에게 골고루 나누어 주었다.

맞돈 내고 먹는 돼지

정수동은 술을 무척 좋아했지만 돈이 없어서 걸핏하면 주막에 가서 외상술을 얻어 마셨다.

하루는 또 몹시 목이 말라 단골 술집으로 발걸음을 옮겼다.

"여보게 주모(酒母), 외상술 한 잔만 주게."

하고 사정을 해보았다.

그러나 오늘따라 주모는 냉정하게 거절하고 말았다.

"아니 선달님은 외상값이 지금 얼마나 밀렸는지 알기나 해요? 미안하지만 오늘부터는 맞돈 내지 않으면 못 드려요."

주모는 토라지게 쏘아붙이고 방 안으로 들어가 버렸다.

멀쑥해진 정 선달은 할 수 없이 툇마루에 앉아서 담뱃대만 뻐끔뻐끔 빨고 있었다.

그때 마침 커다란 돼지 한 마리가 대문 안으로 들어오더니 안마당 멍석에 널어놓은 술밥을 마구 먹어대기 시작했다.

안방에서 주모가 나오더니 깜짝 놀라 돼지를 내쫓으면서

"아니, 선달님은 어린애도 아니면서 돼지가 술밥 먹는 것을 보고도 가만히 구경만 하고 있었어요?"

하며 큰 소리로 빈정대자 정 선달은 껄껄 웃고 나서 말하기를

'허 참! 나는 그 돼지가 맞돈 내고 먹는 줄 알았지"

기가 찬 주모는 할 수 없이 쓴웃음을 머그며 또 술을 대접에 가득 채워 줄 수밖에…

02
성공으로 이끈 지혜와 재치

우리 모두는 성공을 꿈꿔옵니다.
그러나 성공이란 꿈만으로 이룰 수 없는 아주 매정한 놈입니다. 때로는
수백 번의 술수로서, 또는 모진 좌절과 고통을 이겨내고, 황폐한 절망
의 끝에서 성공의 가느다란 희망을 만나기도 합니다. 이 모두는 포기가
아닌 지혜와 재치로서 희망을 버리지 않았기 때문입니다. 그와 반면
희망을 불어넣어주는 사람도 있습니다. 그 사람의 한마디 말이 다른
사람의 인생을 바꾸며, 삶의 활기를, 열정을, 그리고 노력할 수 있는
힘을 줍니다. 바로, 나보다 남을 먼저 배려한 성공한사람들의 지혜와
재치로부터 이어집니다.

신임을 두텁게 하는 비결

　복송의 재상 여이간은 언제나 언행을 조심하여 관리들과 백성들의 존경을 받았고, 특히 황제인 인종의 신임을 크게 얻고 있었다.

　오랫동안 병석에 누워 정사를 돌보지 못한 황제 인종은 병이 차츰 나아지고 정신이 들자 그동안 정국이 어떠했는가를 묻고자 하여 재상 여이간을 급히 불렀다.

　그런데 재상 여이간은 황제의 부름을 받았는데도 급히 가기는커녕 평소보다도 오히려 더 느리게 발걸음을 옮겼다.

　황제는 재상이 빨리 나타나지 않자 더욱 궁금해 하면서 화를 내기 시작했다.

　한참 뒤에야 황제 앞에 여이간이 나타나자 황제는 여전히 노기를 풀지 못하고 재상을 나무랐다.

　"경은 어째서 이렇게 늦게야 오는 게요? 나는 정사가 궁금해서 급하게 불렀는데 ……"

　그러자 여이간은 허리 굽혀 조용한 목소리로 대답했다.

　"폐하께서는 너무나 오랫동안 병상에 누워 계셨기 때문에 지금도 백성들이나 온 조정이 모두들 걱정을 하고 있습니다.

그런데 오늘 제가 폐하의 부르심을 받자마자 급하게 달려오면 모두들 폐하 옥체에 정말 변고가 있는 것으로 알고 놀랄 것입니다. 그것을 염려하여 일부러 천천히 온 것이니 용서하십시오. "

이 말을 들은 황제는 무릎을 치면서

　"과연 그렇구려. 내 생각이 부족해서 그것도 모르고 화를 냈구려."

　여이간의 재치로 황제의 신임은 더욱 두터워졌다.

'바람과 함께 사라지다' 의 작품탄생

경제공항으로 절망에 빠져 가족과 자신의 생명을 지키기 위해 안간힘을 쓰고 있던 미국 사람들에게 깊은 감동을 주어 재기의 용기를 갖게 해준 소설'바람과 함께 사라지다'를 모르는 사람은 아마 없을 것이다.

남북전쟁을 배경으로 한 그 소설은 처음 발간된 1936년 첫해부터 무려 150만 부라는 엄청난 판매고를 올렸고, 또 그것이 영화로 제작되었을 때는 아카데미상 10개 부분을 휩쓸면서 더욱더 세기의 작품으로 각광을 받게 되었다.

그런데 그 소설은 키가 겨우 135cm 밖에 안 되는 나약한 여자, 게다가 말에서 떨어진 사고로 골절상을 입어 기자 생활까지도 버린 채 집에만 처박혀 있는 불구의 몸으로 만들었다는 사실에 세상 사람들은 더 한층 놀랬으며, 그로 인해 모든 신체장애자들 까지도 크나큰 희망을 갖게 해주었던 것이다.

그 소설의 작가 마가렛 미첼은 마지막 문장에서.

"내일은 다시 내일의 태양이 솟아오르는 것이다"

이렇게 외쳤으며, 그것을 빅터 플레밍 감독의 연출로 장장 3시간 30분짜리 대작의 첫 천연색 영화로 제작되었을 때는 온 세상 사람들을 단숨에 매혹 시켰던 것이다.

첫사랑의 집요한 미련 속에 좌절을 모르고 야성과 정열을 불태우며 살다 간 한 여인의 파란만장한 소설 속의 여주인공이 "나는 이 시련을 기어코 이겨낼 것이며, 이 시련이 끝나면 나는 다시는 굶주리지 않겠어."

하고 절규하는 장면은 시청자들에게 더욱 큰 감명을 주고 있으며, 그것은 바로 끔찍한 사고와 아픔을 딛고 용기 있게 일어선 작가 자신의 놀라운 용기와 재치에서 우러나온 부르짖음이었다.

1900년에 애틀랜타에서 태어난 미첼은 어려서부터 남북전쟁에 관한 이야기를 많이 들었으며, 의사가 되려고 의과대학에 진학하기도 했었다. 그러나 낙마사고로 깊은 절망 속을 헤매던 그녀에게 남편은 어쩌면 마지막 희망 하나일 수도 있는 소설 쓰기를 권했다.

극도로 허약해진 미첼은 어려운 가정 형편으로 여러 번의 중단 끝에 7년 만에 드디어 1,037쪽의 대작으로 이 '바람과 함께 사라지다'를 완성했다. 그러나 처음에는 무명작가의 미미한 작품이라고 아무도 출판하려고 하지 않았는데. 어느 날 자기 고장으로 온 유명한 출판사 사장에게 그녀는 원고 보따리를 안겨 주고, 몇 번씩이나 독촉 전보를 보내는 집념으로 사장의 마음을 움직여 준 것이 계기가 되어 이 작품이 세상에 나오게 되었던 것이다.

허탈의 늪에 빠져 헤매는 아내에게 삶의 의욕을 심어 준 남편의 재치와 온갖 고난을 참고 일어선 미첼 여사의 열정이 한데 뭉쳐 열매를 맺은 대성공작 이었다.

그러나 미가렛 미첼은 1949년 그녀의 일생 중 단 하나의 작품인 '바람과 함께 사라지다'를 남기고 교통사고로 눈을 감아 사람들의 마음을 더욱 아프게 하였다.

동방삭이의 재치

속설(俗說)에 18만 년을 살았다고 하여 '삼천갑자(3,000 x 60) 동방삭이'로 알려진 동방삭이는 한(漢)나라 사람으로서 해학과 글을 잘 하고, 「비유선생론(非有先生論)」등 유명한 저서를 남긴 사람이다.

한무제가 인재를 구하기 위해 널리 광고를 내자 각처에서 수많은 사람들이 장안으로 몰려들어왔다. 그 중에 동방삭이도 섞여 있다가 겨우 벼슬을 얻기는 했지만 미미한 말단직이라 황제를 감히 알현할 수도 없어 자기의 큰 포부를 펼치기에는 턱없이 모자라는 자리였다. 그래서 그는 황제 곁에서 시중을 들며 재롱만 부리는 난쟁이들을 이용하려고 마음먹고 있었다.

동방삭이는 어느 날 난쟁이들을 불러 놓고 말했다.

"최근에 폐하께서 중대한 결심을 하셨다네, 그대들은 밭에 나가 농사일도 못하고 정치도 할 줄 모르며 전쟁터에 나가 적군과 싸울 줄도 모르면서 나라의 녹을 받아먹고만 있으니 죽일 수밖에 없다고 말씀하셨다네."

이 말을 들은 난쟁이들은 근방 얼굴빛이 변해지면서 벌벌 떨었다. 그 눈치를 보고 동방삭이는 이때를 놓칠세라

"그렇지만 자네들이 폐하께서 지나가실 때 모두 엎드려 목숨만은 살려달라고 애걸하면 황제께서는 인정 많은 분이니까 어쩌면 목숨만은 구할 수 있을지도 모르겠네."

이렇게 말해주자 난쟁이들은 함께 모여 왕이 지나 갈 때를 기다렸다가

마침 왕이 지나가자 일제히 엎드려 울면서 소리쳤다.

"폐하, 바라옵건대 제발 저희들의 목숨만은 살려 주옵소서."

무제는 깜짝 놀라며 무슨 까닭인지를 묻자 난쟁이들은 동방삭이가 한 말을 그대로 고했다. 그러자 무제는 이상하게 생각되어 동방삭이를 즉시 불렀다.

"너는 어째서 근거 없는 거짓말로 난쟁이들을 속였느냐?"

"폐하, 제 말씀을 잘 들어주십시오. 키가 석 자도 안 되는 난쟁이들은 봉급이 쌀 한 자루에다가 돈은 무려 220전인데 반해. 키가 아홉 자나 되는 저의 봉급은 그들과 같습니다. 난쟁이들은 배가 터져 죽을 것 같다고 하는데 저는 배가 고파서 죽을 지경입니다. 폐하께서 저를 아무 쓸모없는 사람이 라고 여기신다면 이 자리에서 당장 목을 베시어 한 자루의 양식이라도 낭비가 안 되게 해 주십시오."

이렇게 말하자 무제는 한참 동안 껄껄 웃으면서 말했다.

'허허, 알았네. 내 그대의 뜻을 알았어. "

그 후 동방삭이는 황제의 신임을 얻어 임금 곁에서 자기의 학문과 글 재주를 마음껏 펼칠 수 있게 되었다.

동방삭이의 이러한 재치와 유머는 상대방에게 오해를 사는 일 없이 오히려 웃으면서 자기의 뜻을 이해시키는 데에 유효했던 것이다.

정주영 회장의 '빈대에게 배운 교훈'

  그리 변변한 학력도 물려받은 재산도 없이, 더구나 고향을 떠나 타향에서 오로지 자기 몸 하나를 자본으로 시작하여 세계적인 대기업가로 성공한 현대그룹의 정주영 회장이 막노동을 하며 어렵게 보냈던 청년 시절의 이야기다.

  그가 한 푼이라도 아끼려는 생각에 방을 얻지 않고 노동자 합숙소에서 지내고 있을 때다.
  그 합숙소의 시설은 너무 낡아 벽의 틈이 벌어져 있었고, 그 벌어진 벽의 틈 사이엔 빈대들의 마치 경쟁이라도 하듯 촘촘히 박혀 있었다.
  그 빈대들은 밤이 되면 100m달리기라도 하듯 잠자고 있는 정주영에게 달려들었다. 매일 밤마다 빈대를 잡고 또 잡아도 굶주린 빈대에겐 역부족이었다. 그래서 그는 한쪽에 밀쳐놓은 기다란 나무상 하나를 발견하고 신문지를 그 위에 깐 다음 그 위에 누워서 잠을 잤다. 그러나 빈대들은 여전히 달려들었다. 가만히 살펴보면 상다리를 타고 올라와 그를 괴롭힌 것이었다.
  이때 그는 한 가지 꾀를 냈다 양은 세숫대야 4개를 구해다가 상다리를 밑에 깔고 물을 담아 놓으니 그제야 빈대들은 물에 빠져 죽게 되므로 기어오르지 못했다.
  그는 자기의 좋은 발상에 쾌재를 올리면서 마음 놓고 잠자리에 들 수가 있었다.
  그러나 그것도 잠시였다. 자정이 넘자 또 빈대의 맹렬한 공격이 시작되었다.

잠이 깬 그가 불을 켜고 세숫대야를 살펴보니 빈대들은 단 한 마리도 빠져 죽지 않고 아예 벽을 타고 천장으로 올라가 천장으로부터 그를 향해 공중낙하를 하여 공격해오고 있었다. 순간 그는 무릎을 탁 치면서 외쳤다.

"그래! 바로 저거다. 목표를 향해서 저토록 노력하는 빈대와 같이 나도 목표를 향해 꾸준히 노력할 것이다."

그는 빈대로부터 배운 그 교훈에 의해 마침내 지금에 이르는 거대한 기업의 사주가 될 수 있었다.

링컨의 성공은 '유머'

링컨의 친구들이 모여 앉아 상원의원 선거 후보로 함께 나온 더글러스와 링컨의 인품을 비교하고 있었다.

마침 그 자리에 링컨이 나타나자 친구들이 그에게 물었다.

"자네는 보통 사람보다는 키가 유달리 크고, 반대로 더글러스는 키가 작은데, 사람의 키는 대체로 어느 정도가 적당하다고 생각하고 있나?"

링컨은 잠시 생각을 하다가 이렇게 대답하였다.

"글쎄, 사람의 키는 다리의 길고 짧음에 달려 있고, 다리의 길이는 땅에서부터 몸통까지 닿을 만큼만 길면 적당하지 않을까?"

하여 모두 한바탕 웃게 하였다.

링컨은 이러한 즉흥적인 유머로써 키가 큰 자기 자랑도 하지 않고, 또 키가 유별나게 작은 정적(政敵)의 더글러스를 헐뜯지도 않는 겸손하고도 통이 큰 성품과 그러면서도 이렇게 유머가 풍부한 재간을 지녀 누구에게나 호감을 갖게 하였다.

게다가 그는 굳은 의지와 냉철한 판단력으로 사람의 마음을 끌어당기는 매력도 있어서 마침내 정적을 물리치고 당당히 상원의원 선거에서 승리를 했던 것이다.

번개 배달부에서 사장으로

'고객이 진정 원하는 것이 무엇인가를 자세히 살피는 지혜와 재치가 있어야 상업에 성공할 수 있다.'

젊었을 때 중국집에서 음식 배달을 했던 조태훈씨의 경험담이다.

대게 신장개업을 하거나 손님을 끌기 위해 자기 가게의 전화번호를 성냥갑 거죽에 붙여 인근의 회사나 가정에 나누어 준다. 그러나 아무리 성냥을 많이 돌려도 음식 주민이 별로 늘지 않자 그는 곰곰이 생각을 하다가 문득 '그렇다! 여직원에게는 성냥이 별로 필요치 않지. 대부분의 회사에서 음식을 주문하는 사람은 총무과 여직원인데 젊은 여직원들은 성냥보다는 오히려 스타킹을 더 원할 것이다.'

그는 주인에게 건의하여 스타킹을 회사마다 홍보물로 전달하였다. 그러자 다음 날부터 주문이 크게 늘어났다

또 하루는 두 여인이 들어와 자장면과 짬뽕을 시켜 놓고 서로 반반 나누어 먹는 것을 보고 '아하, 자장면의 느끼한 맛을 덜 수 있는 방법은 바로 저거다.'

이렇게 착안을 하고 그달부터 자장면을 배달할 때마다 짬뽕 국물을 서비스로 갖다 준 것이 또 크게 호응을 얻었다.

"대게의 자장면 배달부는 '언젠가는 그 일을 그만 두겠다'고 생각하지만 나는 최고의 배달부가 되겠다고 생각했습니다."

이렇게 말하던 그는 마침내 신도시에 '번개반점' 체인 1호점을 열어 사장이 되었을 뿐 아니라 스타강사로 초청을 받아 바쁘게 되었으니, 남다른 인생관과 손님의 심리를 살피는 재치가 그를 성공으로 이끈 것이다.

대원군에 맞선 선비의 재치

어린 고종이 왕위에 오르자 그 아버지인 대원군의 기세와 위풍은 하늘을 찌를 듯이 당당했다

대원군은 난초 그리는 것을 취미로 하고 있었는데, 어느 날 사저에서 혼자 난초를 그리고 있을 때에 시골의 한 선비가 대원군을 찾아왔다.

선비는 작은 벼슬이라도 한 자리 얻어 볼까 하여 대원군의 사저를 찾아와 방바닥에 엎드리면서 조용히 큰절을 올렸다.

그러나 대원군은 여전히 난초만 그리면서 아무런 대꾸가 없었다.

선비는 자기가 절한 것을 대원군이 못 본 줄로만 알고 다시 일어나 엎드리면서 큰절을 또 올렸다. 그런데 이게 웬일인가?

대원군이 갑자기 벽력같은 소리를 질렀다.

"너 이 고얀 놈 같으니, 산 사람에게 재배를 하다니! 나를 죽은 사람으로 알고 문상을 하는 거냐?"

이때 깜짝 놀란 선비 머리에 번개 같이 떠오른 재치!

"아니올시다. 먼저의 절은 처음 뵙는다는 절이옵고, 나중의 절은 물러가겠다는 하직 인사의 절 이었습니다."

즉흥적으로 이렇게 대답하는 선비의 임기응변 술! 그 재치와 유머에 감탄한 대원군은 노여움은 삽시간에 풀리고, 오히려 선비에게 그 자리에서 영광 고을의 군수 자리를 주어, 내려 보냈다 한다.

소진이 6개구 정승이 된 까닭은?

중국 춘추시대에 이어 7개국으로 갈라져 서로 치고 받고 으르렁 거리던 전국시대(BC 403~221)에 유세학을 배워 여러 나라로 다니면서 출세의 길을 찾던 소진(蘇秦)은 뛰어난 재치와 달변으로 각국의 제후들을 찾아 다녔지만, 왕들이 받아주지 않아 실패하고 가세가 기울어진 자기 집으로 돌아왔다.

그러나 소진은 실망하지 않고 하산할 때 귀곡 선생이 주신 '태공음부편'이라는 책을 열심히 읽었다. 밤이 되어 졸음이 오면 송곳을 넓적다리 위에 세워 잡고 책을 읽다가 졸 때마다 송곳으로 아프게 질러가면서 그 책이 지니고 있는 오묘한 이치를 다 터득한 후에 또다시 유세의 길로 나섰다.

소진은 이번에도 진나라로 다시 가려고 하다가 방향을 바꿔 조나라로 갔지만, 역시 임금이 만나주지도 않아 7개국 중 가장 북쪽에 있는 연(燕)나라로 갔다. 거기서도 1년이 지난 후에야 사냥을 나가는 문공 임금의 행차 앞을 가로막고 겨우 만나 궁으로 되돌아가서 왕에게 유세를 시작하였다.

"대왕께서 이 난세에 마음 놓고 사냥을 나갈 수 있는 까닭이 무엇인지 아십니까?"

"모르오."

"그것은 다름 아닌 이웃 나라인 조나라 덕택입니다."

"뭐요? 조나라 덕택이라니! 그 나라와 우리는 자주 다투어 골머리가 아픈데 조나라 덕택이라니. 나는 도무지 알아들을 수가 없소."

"이 연나라는 군사와 군마, 전차의 수가 다른 나라에 비하면 턱없이 부족합니다. 그런데도 강국들이 쳐들어오지 않는 것은 조나라가 저들이 오는 길목을 막아주기 때문입니다. 만약에 연나라와 진나라 사이에 조나라가 없다면 진나라 임금은 직접 군사를 이끌고 연나라로 쳐들어 올 것입니다. 그런데도 대왕은 사소한 일은 걸핏하면 이웃 조나라와 계속 다툼을 하시렵니까?"

"사정이 그렇다면 장차 어떻게 하면 좋겠소?"

"소신의 생각으로는 우선 가까운 조나라와 친선을 맺고 그것을 다리로 삼아 가장 강한 진나라를 제외한 모든 나라와 외교를 맺어 하나로 묶어야 합니다. 그래야 진나라로부터 모두 안전하게 됩니다."

"그 취지는 좋지만 각국 제후들이 그것에 응하겠소? '

"대왕께서 허락만 하신다면 제가 우선 조나라로 떠나겠습니다."

이렇게 유세가 성공되자 왕은 많은 여비와 조나라 왕에게 올릴 예물까지 소진에게 주면서 사신의 자격으로 떠나게 하였다.

조나라에 도착한 소진을 조나라 왕은 반가이 영접하고 마주 앉아 그의 의견을 듣기 시작했다.

"대왕이 다스리는 이 조나라는 진나리가 가장 탐내는 나라입니다. 그런데도 감히 쳐들어오지도 않는 것은 위나라와 한나라가 중간에 있어 방패 역할을 해주고 있기 때문입니다. 진나라를 제외한 여섯 나라의 군사나 군비를 모두 합치면 진나라의 몇 배가 되는데도 진나라 앞에 벌벌 떨면서 걸핏하면 땅의 일부를 떼어 바치고 있으니 진나라는 마치누에가 뽕잎을 갉아먹듯이 야금야금 먹어 오다가 급기야 나라 전체를 빼앗고야 말 것이 아니겠습니까?"

"그러니 이를 어찌하면 좋겠소?"

조나라 왕은 자못 근심스러운 표정으로 반문하였다.

"여섯 나라가 한데 뭉쳐야 하지요. 대왕께서 앞장을 서 주신다면 제가 여섯 나라 임금이 한 자리에 모여 결의를 다지는 일에 저의 신명을 다 바치겠습니다."

"고맙소, 내가 임금이 된지 얼마 안 되어 이런 엄청난 계책을 아직 들어본 적이 없소. 모든 비용을 다 대줄 터이니 선생은 지금부터 우리 조나라에 거처하면서 본거지로 삼아 6개국의 연합을 위해 전력해 주시오."

이렇게 조나라 왕과 유세도 성공하자 여기에 힘입어 소진은 천하를 돌면서 유세를 계속했다. 여섯 나라가 살아남기 위해서는 서로 국교를 맺고 힘을 합해서 진나라를 막아내야 한다는 것이 그의 지론이며, 이것이 그 유명한 합종책(合從策)이다.

마침내 소진은 여섯 나라 임금을 한 자리에 모아서 대회를 열고 혈맹의 결의를 다지게 하는 데에 성공하였다.

그 자리에서 여섯 나라 임금은 소진을 6개국 연합의 의장으로 추대하고 각기 정승의 인(印)과 금패와 보검을 주었다.

이렇게 해서 소진은 기발한 재치와 웅변으로 한꺼번에 여섯 나라의 정승이 되는 역사상 전무후무한 출세를 했던 것이다.

한편 동문수학한 장의가 노비도 없이 자기를 찾아 왔을 때 소진이 그를 냉대하여 내보내고 뒤로 가사인 을 시켜 장의를 진나라 혜문왕에게 보내어 객경이라는 왕의 고문이 되도록 한 것도 자기의 합종책이 성공하기 전에 진나라가 6개국 중 어느 나라를 쳐들어오면 합종책이 무산될 것이므로 그것을 미리 방지하기 위한 놀라운 계책이었다.

루즈벨트의 힘

한창 정치활동을 왕성하게 하던 루즈벨트(1982~1945)는 39세 때에 갑자기 소아마비에 걸려 보행이 곤란해졌다.

그는 다리를 쇠붙이에 대고 고정시킨 채 휠체어를 타고 다녀야 했다. 절망에 빠진 그가 방에서만 지내는 것을 아무 말 없이 지켜보기만 하던 그의 아내 엘레나 여사는 비가 그치고 맑게 갠 어느 날 남편에게 권하여 휠체어를 밀며 정원으로 산책을 나갔다. 루즈벨트의 기분이 오래 간만에 한껏 좋아졌을 때 엘레나는 다정하게 말했다.

"비가 온 뒤에는 반드시 이렇게 맑은 날이 옵니다. 당신도 마찬가지예요. 뜻하지 않은 병으로 다리를 불편해졌지만 그렇다고 당신 자신이 달라진 건 하나도 없어요. 지금의 이 시련은 더 겸손하게 맡은 일을 열심히 하라는 하나님의 뜻일 거예요. 여보, 우리 조금만 더 힘을 내봅시다."

"하지만 나는 영원한 불구자요. 그래서 당신의 고생은 몇 갑절 더 많아질 텐데 그래도 당신은 나를 사랑하겠소?"

"아니, 무슨 그런 섭섭한 말을 해요? 그럼 내가 지금까지는 당신의 두 다리만을 사랑했다는 말인가요?"

아내의 이 재치 있는 말에 루즈벨트는 용기를 얻었다. 장애자의 몸으로 대통령에 까지 당선되어 경제공황을 뉴딜 정책으로 극복하였고, 미국 역사상 처음으로 네 번이나 대통령에 당선되면서 영국의 처칠 수상과 긴밀히 연락을 취하여 제2차 세계대전을 승리로 이끌었다.

재치와 유머가 있는 아내의 도움으로 그는 이렇게 대성공을 한 것이며, '노담변화'등 많은 일화를 남기고 1945년에 사망하였다.

비스마르크의 배려

1871년 보불전쟁에서 독일이 승리하였을 때 가장 용감하게 싸운 병사 한 사람에게 제1급 훈장을 수여하기로 하였다. 그 자리에서 비스마르크 재상은 그 훈장을 받게 된 병사와 이야기를 나누고 있었다.

"철십자훈장 제1급을 받게 된 것을 축하하네."

"감사합니다. 각하"

"그런데 말이야, 자네의 가정생활이 궁핍하다면 자네에게는 훈장보다는 오히려 100마르크의 상금이 더 낫다고 생각하지 않나?"

재상의 이 말을 듣고 그 병사는 눈을 크게 뜨면서 물었다.

"훈장의 진짜 가치는 얼마쯤 됩니까. 각하?"

"훈장을 돈의 가치로 계산한다면 한 3마르크쯤은 되지. 그렇지만 훈장은 자네의 일생일대의 큰 영예요. 또 자손만대까지 전해질 명예스러운 가보가 되지 않겠나?"

이 말을 들은 병사는 주저 없이 즉석에서 이렇게 요청했다.

"그렇다면 각하, 저에게는 그 훈장과 돈 100마르크에서 3마르크를 뺀 97마르크를 주십시오."

비스마르크 재상은 이 병사의 지혜로움과 그 재치에 놀라움을 금할 수 없었다. 그리하여 그 병사에게는 특별히 훈장과 함께 100마르크의 상금까지 수여되었다. 이것은 전례가 없었던 일이었다.

한 병사의 당돌하고도 터무니없는 요구를 나무람이 없이, 오히려 그 기지를 칭찬하고 병사의 요구대로 들어 준 비스마르크 재상의 너그러움과 용단이 또한 명재상다운 일이었다.

피부 속에 숨긴 지도의 메시지

미국의 승리로 끝난 스페인과의 전쟁에서 미국이 승리한 이면에는 '피부 속의 메시지'라는 놀라운 재치와 용기가 숨어 있었다.

이 사건의 주인공인 미군병사인 토마스 P. 레드워즈 하사는 스페인군에게 포로가 되어 사형선고까지 받은 상태에서 쿠바 주재 영국 영사의 도움을 받아 극적으로 살아 나왔다.

그때 쿠바 국민들은 미국이 승리하기를 바라고 침략자인 스페인군의 요새를 알 수 있는 지도를 미군에게 전해주고 싶었으나 감시가 워낙 심하여 고심하던 중, 이때 탈출에 성공한 레드워즈 하사에게 부탁을 했다. 그러나 레드워즈 하사역시 그 지도를 어떻게 무사히 미국으로 가져갈 수 있느냐가 문제였다.

그 지도는 스페인군이 진을 치고 있는 요새 내부를 아주 섬세한 실크 위에 상세히 그린 지도로서 은으로 만든 관속에 들어 있었다.

며칠을 두고 고심하던 레드워즈 하사는 마침내 비상한 방법으로 자신의 팔을 절개하고 그 안에 은관을 넣었다 그리고 그것을 꿰맨 상처가 어느 정도 아물기를 기다리는 정말 참을 수 없는 아픔을 견디어 내는 용기를 보여주었다.

그것은 스페인군의 눈을 용케 피할 수 있었고, 마침내 탈출에 성공한 그가 당시 미 해군 부참모총장 이었던 루즈벨트를 만나 또 한 번의 팔을 절개하는 고통을 겪어야 했다.

스페인과의 싸움에서 거의 승산이 없었던 미 해군은 레드워즈 하사가 피 속에 지도를 숨겨 오는 재치와 용기로써 마침내 승리할 수 있었던 것이다.

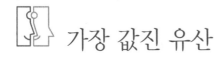# 가장 값진 유산

젊어서부터 피나는 노력과 근검절약으로 큰 재산을 모은 스페인의 한 사업자가 불행하게도 자식이 없어서 조카를 데리고 살아왔다.

그러나 그 조카는 노력하는 삼촌과는 달리 청년이 되도록 놀기만 하였다. 그는 마음속으로 생각하기를 '자식이 하나도 없는 삼촌은 모든 재산을 분명히 나한테 유산으로 남겨주실 것이다.' 이렇게 생각하고 있었다.

조카의 생각을 눈치 챈 삼촌은 "얘야, 내가 너한테는 네가 인생을 새로 시작하는 데에 필요한 만큼의 재산을 준다고 유언장에 적었으니 그렇게 알아라."

이렇게 조카에게 일러주었다.

그 후 얼마 지나지 않아서 삼촌은 갑자기 세상을 떠났다.

조카는 자기가 받을 유산이 얼마나 되는가를 알기 위해서 공증인을 찾아갔다. 공증인은 삼촌이 남긴 유서를 공개했다.

"사랑하는 내 조카야, 너에게는 성경 책 한 권을 살 수 있는 1파운드 50센트를 유산으로 남긴다. 그러니 그것으로 너의 인생을 모래 위에 세우지 말고 확고한 진리 위에 짓기 바란다. 그리고 나머지 모든 재산은 사회 자선사업에 기부한다."

뜻밖에도 이러한 유서에 조카는 몹시 실망하였다. 그러나 삼촌의 그 유산으로 성경 책 한권을 사서 열심히 읽고 새로운 일을 찾아 노력한 결과 마침내 삼촌과 같이 자수성가하는 사람이 되었다.

게으름을 피우면서 유산만을 바라던 조카를 삼촌의 지혜와 재치로서 인생의 올바른 길로 이끌어 성공하게 한 것이다.

무명 화가의 놀라운 기지

옛날 그리스에 용맹스러운 장군이 있었다. 그는 싸움터에 나갈 때마다 큰 공을 세워 훈장을 많이 탔다.

그러나 그는 불행하게도 전쟁터에서 적과 싸우다가 왼쪽 눈을 다쳐 애꾸눈이 되고 말았다. 참으로 애석한 일이었다.

그렇지만 그는 그토록 용맹을 떨친 자기 이름과 명예를 후손들에게 영원히 남겨 주고 싶었다. 그래서 유명한 화가를 불러 자기의 초상화를 그려 달라고 부탁했다.

그런데 그 유명한 화가가 그린 초상화를 보고 장군은 못마땅하게 여겼다. 그 까닭은 자기의 애꾸눈을 너무나 정직하게 그려 놓았기 때문이었다.

"후손들에게 나의 애꾸눈을 보이는 것은 창피한 일이다."

이렇게 생각한 장군은 그 그림을 난로 속에 집어넣고 말았다.

"어떻게 하면 나의 늠름하고 위풍 있는 모습을 후손들에게 영원히 보여 줄 수가 있을까?"

날마다 고심하던 그는 또다시 다른 화가를 불렀다.

이번에 불러 온 화가는 앞서의 화가가 실패한 이야기를 듣고 왔기 때문에 장군의 왼쪽 눈도 마치 성한 눈 같이 그렸다.

그런데 그것을 본 장군은

"이 그림은 거짓말쟁이 화가가 그린 거야."

하면서 그 초상화도 난로 속에 던져버렸다.

장군은 애꾸눈의 초상화도 싫었지만 그렇다고 애꾸눈을 성한 눈 같이 그린 것은 후손들에게 영원히 거짓을 가르치는 것이 되므로 역시 못마땅

했던 것이다.

밤낮으로 고민하던 장군은 마침내 자기 초상화를 후손들에게 남겨 주겠다는 그 생각을 단념하고 실망에 빠져 있다.

그러던 어느 날, 이름도 없는 젊은 화가 한 사람이 찾아왔다.

"장군님의 초상화를 제가 그려 드리겠습니다."

"자네가 내 초상화를 마음에 쏙 들도록 그릴 수 있겠나?"

"네, 장군님 마음에 꼭 드시도록 정직하게 잘 그리겠습니다."

"그럼 한번 그려보게."

하고 허락했다

며칠 후에 초상화가 완성되었다. 무명의 그 젊은 화가가 그린 초상화를 본 장군은

"그래 그래, 바로 이거야!"

하고 소리치면서 매우 기뻐하였다.

그토록 장군 마음에 쏙 들도록 그린 이번 그림은 과연 어떻게 그린 그림일까?

그것은 바로 장군의 성한 오른쪽 눈만 보이도록 왼쪽 애꾸눈을 코허리에 가려져서 보이지 않도록 오른쪽 얼굴 즉, 옆모습을 그린 것이었다.

무명의 젊은 화가는 놀라운 기지와 재치를 발휘하여 막대한 수고료를 받았을 뿐 아니라 그 초상화는 장군의 후손들에게 게 대대로 전해지며 자랑하는 초상화가 되었다.

2,399번의 실패로 탄생한 것

에디슨 백열등의 필라멘트를 발명할 때의 이야기다. 그의 조수가
"선생님, 필라멘트를 발명하려고 벌써 90가지의 재료로 실험을 해 보
았지만 모두 실패했습니다. 결국 필라멘트를 발명한다는 것은 불가능
한 일인 것 같으니 중지하는 것이 어떻겠습니까?"
하고 제안을 했다.

그러나 이때 에디슨은 다음과 같이 말했다.

"무슨 소리야? 자네는 그것을 왜 실패로 생각하나? 우리들은 실패한
것이 아니고, 안 되는 재료가 무엇인가를 90가지나 알아낸 아주 성공적
인 실험이었다네."

이러한 생각과 끈기로 그때 그가 실험하다가 버린 쓰레기더미가 무
려 2층 건물 높이 만큼이었으며, 연구를 시작한지 13개월 째 되는 날
2,399번의 실패를 거쳐 2,400번 만에 드디어 전류를 통해도 타지 않고
빛은 내는 필라멘트를 만드는데 에 성공한 것이다.

그러니까 조수가 불평을 한 후로도 무려 2,310번이나 더 실패를 거듭
한 것이었으니 참으로 초인간적인 집념과 노력이라고 아니할 수 없다.
그래서 그는 그 일을 회상하면서 "누구에게나 2,400번의 기회는 있는
것이다."
라는 말까지 하였다.

그 마지막 실험에 성공할 때 그는 이틀 간 밤잠도 자지 않고 노력한
끝에 일본에서 자란 대나무를 태운 한 가닥의 탄 소실을 진공 상태의
전구 속에 밀어 넣는 데에 성공한 것이며, 그 성공이 드디어 오늘날 어

둠이 없는 밝은 세상으로 바꿔 놓은 것이다.

그래서 그가 84세로 세상을 떠났을 때, 미국의 전 국민들은 그가 발명한 전등을 전국에서 일제히 1분 동안 켜 그의 거룩한 생애를 추모했던 것이다.

그가 남긴 명언 가운데 가장 많이 인용되는 것은,

'시계를 보지 마라.'

'실패는 성공의 어머니다.'

'발명은 99%의 노력과 1%의 영감으로 이루어진다.'

'성공이란 결과로 측정할 것이 아니라, 그것에 소비한 노력에 의해 평가되어야 한다.'

등이며, 이러한 말이 명언으로 남게 된 증거는 그의 일생 중에서 전등, 축음기, 영사기, 재봉틀 등 정식 발명 특허를 받은 것만도 무려 1,093가지나 된다는 사실이다.

그래서 제2밀레니엄(서기1001~2000년)의 1000년 사이에 태어난 세계 인물 중 인류에게 끼친 업적으로 보아 가장 위대한 사람으로 그가 뽑힌 것은 어쩌면 당연한 일이라 하겠다.

실패를 성공으로 보는 에디슨의 지혜와 재치! 그것이 그의 운명을 결정해 주었고, 전 인류에게 행복을 안겨다 준 것이다.

청바지 탄생의 비밀

젊은이들과 노동자들이 즐겨 입는 청바지는 절망을 딛고 성공으로 이끈 기지에서 탄생된 세계적인 발명품이다.

이 청바지의 발명가는 천막 천을 생산하는 스트라우스라는 미국 사람으로, 이 이야기의 무대는 샌프란시스코였다.

1930년 경 이곳 샌프란시스코의 금광에서는 많은 황금이 나왔었다. 이 황금을 캐려고 모여드는 사람들로 인해 갑자기 도시가 생겨나고, 그 사람들이 먹고 자는 천막집이 수없이 늘어나 산기슭이 커다란 천막촌으로 변해갔다. 그 덕분에 천막 천의 생산 업자인 스트라우스는 큰돈을 벌었다.

그런데 어느 날, 그에게 군납 알선 업자가 찾아와 군대에서 사용할 대형 천막 10만개 분의 천막 천을 납품하게 해 주겠다는 제의를 해왔다. 그 제의를 수락한 스트라우스는 곧 천 공장과 직공을 늘려 밤낮으로 생산한 결과 3개월 만에 약속을 받은 전량을 생산해서 천막 천이 산더미같이 쌓였다.

그러나 이 때 문제가 생겼다. 군납의 길이 갑자기 막혀 버린 것이다. 참으로 큰일이었다. 시간이 흐르자 빚 독촉도 심해지고, 직공들도 월급을 달라며 야단법석이었다.

헐값에라도 팔아서 밀린 빚과 직공들의 월급만이라도 해결하려고 했으나 그 엄청난 양의 천막 천을 사가는 사람은 아무도 없었다.

스트라우스는 너무나 실망하여 자살이라도 하고 싶었다. 어느 날 홧김에 술이나 실컷 마시겠다고 주점에 들어간 스트라우스는 놀라운 광경을 하나 목격했다. 그곳에는 수많은 광부들이 낡아 해진 바지를 꿰매고 있는 것이었다.

"쯧쯧…엊그제 사 입은 바지가 벌써 이렇게 해졌구먼."

"글쎄 말이야! 좀 더 튼튼한 바지는 없나?"

하고 투덜거렸다.

이때 스트라우슨 머리에 번개같이 떠오른 생각하나!

"그렇다. 우리 천막 천은 질겨 좀처럼 닳지 않을 것이다."

이 순간의 아이디어가 사경에 빠져있던 그를 살려 낼 줄이야!

그는 즉시 양복점으로 달려가서 재봉사와 의논하여 천막 천으로 바지를 만들기 시작했다.

며칠 후 천막 천에 청색 물을 들은 청바지가 시장에 나오자 날개 돋친 듯이 팔리기 시작했고, 그것이 세계의 모든 사람들의 호응을 받게 된 것이다.

이렇게 절망의 암흑 속에 비친 한 줄기의 섬광(閃光)! 그 순간을 놓치지 않고 붙잡은 놀라운 기지로 탄생한 것이 바로 청바지 인 것이다.

하녀와 결혼한 재상의 뜻은?

 하녀라는 미천한 출신의 여자 한사람이 남다른 재치와 착한 심정으로 남편을 일국의 재상자리에까지 오르게 한 이야기는 영국에서 너무나 유명한 미담으로 남아 있다.

 어느 날, 디즈레일리라는 젊은 청년이 하녀 한 사람을 구하려고 수소 문했던 바, 하루는 그 하녀 채용에 응하려고 찾아온 여자에게 디즈레일리는 이렇게 질문을 했다.

 "당신이 스무 장의 접시를 포개어 들고 이 방에서 나가다가 문턱에 발이 걸렸다고 합시다. 그러면 어떻게 하시겠습니까?"

 그 여자는 그런 것쯤이야 자신 잇다는 듯이 즉시 대답했다.

 "저는 그 순간 턱으로 접시를 단단히 누르고, 얼른 무릎을 꿇겠습니다. 만약 그것이 불가능하면 저는 몸을 굴려서라도 접시를 한 장도 깨지지 않게 할 자신이 있습니다."

 그 다음날, 두 번째의 여자가 찾아왔다. 디즈레일리는 똑같은 질문을 했는데 그 여자는 간단히 이렇게 대답을 하였다. "저는 아직 그런 일을 겪어보지 못해서 뭐라고 말씀드릴 수가 없군요. 다만 발이 문턱에 걸리지 않도록 미리 조심하겠습니다.

 디즈레일리는 그 두 번째의 여자를 하녀로 채용했다. 그리고 후일에 그 하녀와 결혼까지 하여 이웃 사람들을 모두 놀라게 하였다. 그 하녀의 겸손함과 성실성, 그리고 남다른 재치와 품위 있는 행동이 디즈레일리의 마음에 들었던 것이다.

 뒷날 디즈레일리는 그 부인의 성실한 내조에 힘입어 마침내 영국의 재상이 되어 또 한 번 세상 사람들을 놀라게 하였다.

하루는 그녀가 남편과 함께 마차를 타고 의사당으로 가려던 참이었다. 디즈레일리 재상이 그날 상하 양 의원들 앞에서 중대한 시정연설을 할 예정이었다.

디즈레일리 재상은 마차에 오르자마자 연설문을 들여다보면서 원고를 정리하는데 에 여념이 없었다.

남편의 그런 모습을 보면서 뒤따라 마차에 오른 부인은 마부가 너무 빨리 문을 닫는 바람에 그만 손가락 하나가 문틈에 끼고 말았다. 손가락이 끊어질 듯이 아팠지만 부인은 남편의 일을 방해하지 않으려고 눈치를 못 채게 꾹 참으면서 손가락이 낀 문 쪽을 몸으로 가리고 태연하게 의사당에까지 도착했다.

마부가 밖에서 문을 열어줄 때까지 문틈에 끼어 있던 부인의 손가락이 시퍼렇게 멍이 들어 있는 것을 보고 깜짝 놀라는 마부에게 부인은 재빨리 다른 검지 손가락을 자기 입에 대고 조용히 하라는 시늉을 하고, 다친 손가락을 얼른 손수건으로 감추었다. 끝까지 남편에게 손가락이 다쳤다는 사실을 숨기려는 생각에서 였던 것이다.

그런 줄을 모르는 디즈레일리 재상은 그날 의사당에서 너무도 훌륭하게 연설을 마쳐 모든 의원들에게 큰 감명을 주었고 많은 박수를 받아 그는 더욱 명재상으로 떠오르게 되었다. 그러나 그 뒤에는 이러한 부인의 뜨거운 정성이 숨어 있었던 것을 아는 사람은 마부 한 사람 뿐이었다.

신분이나 미모 등을 가리지 않고 오로지 사람의 심성만을 보고 하녀로 채용했다가 부인으로 맞이한 디즈레일리 재상의 놀라운 재치와 기지는 자신을 성공으로 이끈 결정적인 계기가 되었던 것이다.

1,500번 이상의 연습

세계적인 명연주자가 아니면 감히 출연할 꿈도 못 꾸는 유명한 대규모의 음악회가 있었다.

늘 그 음악회에 출연하고 싶어 했던 탈베르그는 그 음악회에서 피아니스트로 꼭 출연해 달라는 요청에 즉시 응할 생각에서 피아니스트로 꼭 출연해 달라는 요청에 즉시 응할 생각이었으나, 날짜를 확인하고는 그 요청을 일언지하에 거절하였다.

"지금까지 저희 음악회 무대에 서기를 거절한 사람은 한 사람도 없었습니다. 그런데 선생님께서는 왜 거절을 하십니까?"

주최 측에서는 도저히 이해할 수 없다는 표정이었다.

"나도 물론 그 음악회에서 신곡을 한번 연주하고 싶지만 그날까지 연습을 끝마칠 수가 없기 때문에 사양합니다."

"제가 그 동안 교섭해 온 음악가들은 연습이 삼사일이면 충분하다고 했습니다. 그런데 선생님 같은 분이하실 수 없다니요?"

그러자 텔베르그는 단호하게 말했다.

"나는 신곡을 발표할 때마다 1,500번 이상 연습을 합니다. 하루에 50번씩 연습을 하더라도 한 달은 걸립니다. 아무리 음악의 천재라도 연습이 부족하면 언젠가는 실력이 바닥나게 마련입니다. 내 연주의 비결은 재능이 아니라 끊임없는 연습의 결과입니다. 그러니까 그때가지 기다려 주신다면 승낙하겠지만 만약 그럴 수 없다면 거절할 수밖에 없습니다."

탈베르그가 명연주가로 성공한 비결은 바로 이러한 끊임없는 노력을 통한 겸손과 지혜였다.

세일즈맨의 성공 비결

제임스 스미스는 오리건 주립대학을 졸업하고 류머티즘 치료제를 파는 제약회사의 세일즈맨으로 취직을 했다.

그러나 그는 입사한 지 얼마 안 되어 사표를 쓰겠다고 매니저에게 말했다. 1주일이 넘도록 열심히 뛰었지만 전혀 매상을 못 올려 의욕을 잃고 말았기 때문이다

"제 나름대로 최선을 다해 보았지만 저의 약을 사는 사람은 아무도 없습니다. 저는 세일즈맨으로서 자질이 없는 것 같습니다.

그러나 매니저는 그의 사의를 받아주지 않았다. 제임스 스미스는 입사할 때 이미 봉급과 영업비를 전액 가불 받았기 때문에 의욕이 없어졌어도 그 일을 계속하지 않을 수 없는 형편이다.

그러던 어느 날 그는 류머티즘으로 고생하고 있는 한 중년 부인을 만나 친절하게 상담을 해주었더니 이게 웬일인가.

그녀는 제임스와 한참 동안 상담을 하고 나더니 별안간 그 약을 여섯 병이나 사겠다고 말했다. 그것은 농담이 아닌 진심이었다. 제임스는 즉시 자동차로 그 약을 배달해 주었더니 그녀는 또 한 번 놀라게도 그 자리에서 거금의 수표를 끊어 완불해 주는 것이 아닌가, 제임스는 그때서야 비로소 세일즈의 중요한 비결을 발견했다.

'팔기 전에 우선 서비스를 하자'

바로 이것이었다. 스스로 터득한 비결로 그는 가장 매상을 많이 올리는 우수 사원이 되었고, 그로부터 25년이 지난 후 마침내 세계 굴지의 제약회사 경영진이 되었다.

세일즈의 비결을 발견해 성공으로 이끈 것이다.

마부 아내의 지혜

키가 다섯 자도 안 되는 보잘것없는 외모와 체격이지만 정승의 자리에까지 오른 제(齊)나라의 안영은 겸손하고 성실하여 모든 국민들의 존경을 받고 있었다.

그러나 그와는 정반대로 안영이 탄 수레를 끄는 어자(御者:마차를 부리는 사람)는 미남인데다가 키도 크고 체격도 우람해서 풍신이 매우 좋았지만 교양이 없어 정승이 탄 수레의 어자가 된 것을 마치 크게 출세나 한 것처럼 거만하게 굴었다.

어느 날, 그의 아내가 남편이 안영을 마차에 태우고 거들먹거리며 지나가는 것을 보고 혀를 차면서 몹시 민망스럽게 생각했다.

그날 밤 남편이 집으로 돌아오자 아내는 남편에게 조용하면서도 엄중하게 말했다.

"여보, 당신이 모시고 계시는 승상께서는 키가 5척도 안 되는 조그마한 체격이면서도 한 나라의 정승이 되었고, 나라의 최고 벼슬인 정승이면서도 누구에게나 겸손하여 모든 백성들의 존경을 받고 있는데, 당신은 그 우람하고 잘생긴 몸으로 겨우 정승의 말을 모는 마부의 신분이면서도 겸손할 줄 모르고 거드름만 한껏 피우고 있으니 여기에 더한 어리석음이 어디 있겠어요?"

이 같은 아내의 따끔한 힐책에 남편은 할 말이 없었다.

그 후로 그의 태도는 완전히 바뀌었다. 거만스러운 태도는 씻은 듯이 없어지고 그 대신에 한없이 겸손할 뿐 아니라 수레를 모는 신분이면서도 길을 배우기를 게을리 하지 않았다.

그의 태도가 갑자기 이렇게 달라진 것을 이상하게 생각한 안영은 그 까닭을 물었다.

"여보게, 자네는 마치 딴 사람같이 태도가 갑자기 달라졌는데 무슨 연유가 있던 게 아닌가?"

"대감님, 사실은 제가 저의 신분도 모르고 거만하게 굴었습니다. 그것을 깨닫지 못하고 있다가 저의 아내의 충고를 받고 뉘우쳤습니다. 지금까지 저의 무례함을 용서해 주십시오. 대감님."

마부는 이렇게 말하면서 고개를 숙이고 얼굴을 붉혔습니다.

"응! 참으로 갸륵한 일이네. 남편의 부족함을 성실하게 충고해 주는 부인의 현명한 지혜도 가상한 일이며, 그 충고를 옳게 받아들여 즉각 행실을 고치기에 노력하는 자네의 자세도 더 없이 훌륭하네."

하고 칭찬을 아끼지 않았다.

안영은 그를 쓸 만한 인물이라 여기고 있다가 후일에 그를 대부(大夫)로 기용했다. 그가 대부가 된 것은 오로지 아내의 진실한 충고와 그것을 흔쾌히 받아들인 데에 있었다.

이와 같이 말몰이꾼의 아내야말로 참다운 내조자이니 여기에서 내조지현(內助之賢)이란 말이 생겨났다.

결혼을 성공시킨 곱사등이의 지혜

독일의 유명한 작곡가인 멘델스존의 할아버지가 젊었을 때의 이야기다. 멘델스존의 할아버지 모세 멘델스존은 불행히도 곱사등이였다. 그래서 결혼을 해야 할 나이가 되었는데도 신부가 되어줄 여자가 없었을 뿐만 아니라 멘델스존 자신도 결혼은 아예 생각조차 할 수 없었다.

그런데 어느 날 모세 멘델스존은 함부르크에 있는 어느 상인의 집을 방문했다가 그 집의 딸이 너무나도 예뻐 그 미모에 그만 정신이 팔리고 말았다.

'나도 저렇게 아름다운 처녀와 결혼을 하면 얼마나 좋을까?'

이렇게 생각하였지만 처녀는 곱사등이인 모세 멘델스존에게 관심은커녕 눈길조차도 제대로 주지 않았다.

모세 멘델스존은 집에 돌아와서 그 아리따운 처녀 생각에 잠을 이루지 못하였다. 그리고 며칠 동안 그 처녀의 관심과 사랑을 끌기 위한 방안을 연구하였다.

드디어 모세 멘델스존은 비상한 각오로 처녀를 설득하기 위해 그 상인의 집을 또다시 방문하여 처녀를 만났다. 그리고 자신의 속마음을 털어놓기로 결심하고 말을 시작하였다.

"당신은 남녀의 결혼도 하나님이 맺어준다고 믿고 있나요?"

이렇게 말을 건네어 보았으나 그 처녀는 고개도 돌리지 않고 외면한 채 대답했다.

"그래요. 나는 그렇게 믿어요. 그러는 당신은 그걸 믿지 않나요?"

모세 멘델스존은 이때를 놓치지 않으려고 자신이 연구한 계획대로 이야기를 털어놓기 시작하였다.

"물론 나는 그것을 절대적으로 믿고 있습니다. 한 남자가 태어나는 순간 하나님은 그에게 장차 신부가 될 여자가 누구라는 것을 말해 주지요. 나도 태어날 때 나의 신부가 누구라는 것이 정해졌습니다. 그런데 놀랍게도 하나님은 나에게 '너의 아내가 될 사람은 미모의 마음씨 고운 여자이지만 불행히도 곱사등이일 것이니 너는 그녀를 피하지 말라'

이렇게 말씀하시는 게 아니겠어요? 그때 나는 너무나 놀래고 실망하여 소리쳤지요.

'안됩니다. 하나님! 차라리 나를 곱사등이로 만드시고 나의 신부에게는 장애자가 아닌 아름다운 몸매를 그대로 갖게 하여 주십시오. 나는 내 몸이 곱사등이일망정 한평생 정성을 다해서 아내를 사랑하겠습니다.'

이렇게 기도하여 마침내 나는 나의 소원대로 이렇게 곱사등이가 된 것이지요"

진지한 태도로 설명을 끝내자 돌아앉은 채 듣고만 있던 처녀는 슬며시 몸을 돌려 고개를 들고 멘델스존의 얼굴을 한참 동안 바라보았다. 그의 애틋한 눈매에는 어느덧 눈물이 고여 있었다.

마침내 그녀는 천천히 멘델스존 앞으로 다가와 두 손을 잡았다. 처녀는 진정한 사랑이 무엇인가를 처음으로 알게 된 것이었다.

며칠 후 그녀는 곱사등이의 아내가 되어 부끄러움 없이 헌신적인 봉사를 시작하였다.

이렇게 하여 불구의 몸인 모세 멘델스존은 정성어린 유머와 재치로 자기의 소원대로 미모의 여자와 진정한 사랑을 맺게 된 것이다.

앞날을 예견한 고환

"지금 군인들의 횡포가 극심하여 백성들의 말할 수 없는 큰 고통을 겪고 있으니 시급히 강력한 조치를 취하셔야 합니다."

남북조시대 북위의 대신이었던 장이의 아들이 조정에 올린 상소의 대쪽 같이 곧은 내용이었다.

이 소식을 들은 장병들은 화가 나서 하나 둘씩 거리에 모여 들더니 장이의 부자를 규탄하기 시작하였다. 마침내 그 무리가 천여 명으로 불어나자 그들은 떼를 지어 관청으로 몰려갔다.

"장이의 부자를 죽여라."

"장이는 아들을 데리고 나오너라."

군인들은 서슬이 시퍼래서 난동을 부렸다. 그러자 겁에 질린 관리들은 순식간에 모두 줄행랑을 치고, 기세가 등등해진 군인들은 기어이 장이의 집으로 가서 불을 지르고 그 부자를 잡아내어 불에 태워 죽여 버렸다.

참으로 어처구니없는 군인들의 무차별한 난동이었다.

그러나 무능한 조정과 군주는 이 사건을 일으킨 군인들을 엄히 다스려 벌을 주기는커녕 오히려 그들을 달래기에만 급급하고 자기들에게 화가 미칠 것만을 피하기에 혈안이 되어 있었다.

나라가 망하는 원인에는 외세의 침입과 내란으로 인한 것 두 가지가 있는데, 북위는 외세의 침입도 없이 내란으로 이와 같이 위태로운 지경에까지 이르고 있었다.

이때 마침 지방의 작은 관리로 있었던 고환이라는 사람이 수도에 출장을 나와 있다가 군인들의 횡포를 대신의 집이 불타고 사람들을 무참하게 죽이는 광경을 목격하고는 용무도 마치지 못한 채 집으로 돌아가면서 지방의 힘없는 일개 관리로서는 어찌할 수 없는 것을 한탄하였다.

그는 집에 돌아오자마자 가제도구를 싸게 팔아 돈을 마련한 다음 주변의 이름 있는 사람들과 사귀는 데에 힘쓰기 시작하였다.

"당신은 어이된 일로 집안 세간을 그렇게 싸게 다 팔고 있소?"

"당신은 관리직도 버리고 어디론가 떠나갈 셈이요?"

모두 이렇게 물으면서 그의 행동을 의아하게 살 수 있도록 하는 것이 군인들의 임무이거늘 자기들의 잘못을 상소하는 대신들의 부자를 죽이고 집에 불을 지르는 데도 조정에서는 우물쭈물 아무런 조치를 취하지 못하고 있으니 이런 나라의 앞날이 어찌 될 것인가는 불을 보듯이 뻔한일이 아니겠소? 가제도구야 언제고 다시 장만할 수 있는 것이지만 희망이 없는 나라에서는 내일을 기약할 수 없소. "

과연 고환은 앞날을 용하게 잘 내다보았다. 그의 예견대로 북위는 서기 534년에 멸망하고 말았다.

그리고 일찍부터 훌륭한 사람들과 인간관계를 맺어 두었던 고환은 후일에 새로 건국한 동위의 재상이 되었고, 550년에는 그의 아들 양(洋)이 마침내 북제를 세워, 그 아버지를 황제로 추존까진 하였으니, 한 지방의 관리에 지나지 않던 고환이 나라 의 앞날을 바르게 예견하는 재치로 성공한 본보기 라 할 수 있다.

대통령 대우받는 철공

사업에 성공하는 사람들은 대게 사람을 잘 골라 쓴 것이 큰 원인이 된 경우가 많았다.

미국의 '강철왕'이라고 불리는 카네기도 역시 자기를 도와 줄 좋은 사람을 많이 찾아 썼는데 그 중에는 순박하고 성실한 철공도 끼어 있었다.

하루는 카네기가 공장 안을 순시하다가 철공 한사람을 한참 동안 눈여겨보았다. 그 철공은 사람이 온 줄도 모르고 진지하게 일만 열심히 하고 있었다. 게다가 자기가 하는 일에 대하여 기쁨과 자신감이 넘쳐흐르는 듯 한 표정으로 노래까지 흥얼거리고 있었다.

한참 동안 그를 바라보던 카네기는 혼자 이렇게 생각했다.

'음, 저 철공이야 말로 이 공장 전체를 맡겨도 책임 있게 잘 운영할 수 있는 사람인 것 같다.'

이렇게 생각한 그는 그 철공을 사장실로 불렀다.

"자네는 참으로 성실하고 능력 있는 사원이구먼, 참으로 고마 우네."

"감사합니다. 사장님"

"그런데 말이야, 자네가 오늘부터 이 공장의 운영을 맡아서 할 생각이 없나?"

이렇게 말하잔 철공은 어리둥절하여 사장을 잠시 쳐다보다가 갑자기 고개를 옆으로 지었다.

"사장님, 저는 평생 해본 일이라곤 쇳물에서 철관 뽑는 일밖에는 없습니다. 그래서 그 일만은 세계 제일의 대통령감이라고 자신하고 있죠. 그러니까 사장님, 제발 저에게는 지금 하고 있는 그 일에만 전념 할 수 있도록 해 주십시오."

이 말에 카네기는 놀라지 않을 수 없었다. 다른 사람들은 한 직급이라도 높은 자리에 올라가기를 바라고 있는데 … 그러나 그 철공의 진지하고 솔직한 대답을 들은 카네기는 그의 심정을 어렴풋이나마 이해할 수 있을 것 같았다. 그래서 다시 한번 물었다.

"정말 자네는 사장자리는 싫고 그 일만 하겠다는 말인가?"

"그렇습니다.

"왜 그런가? 다른 사람들은 다 사장자리를 바라고 있는데……"

"저는 과장이니 사장이니 하는 그런 것에는 하나도 관심 없습니다. 오히려 직접 쇳물을 다루는 지금의 일이 즐겁고 자신이 있어 언제나 행복한 마음으로 일할 수 있습니다."

카네기는 그 철공의 순박한 심정을 확실하게 알게 되었고 마음속으로 너무너무 고맙게 생각되었다.

"음! 그렇군, 내 생각이 좀 부족했네. 자네는 우리 회사에서 가장 중요한 보배라고 말할 수 있네. 자네야말로 철공분야에서 대통령감이니 이 달부터는 자네에게 대통령과 같은 봉급을 주겠네."

이리하여 한낱 말단 사원에 지나지 않는 철공이 대통령 대우를 받는 사원이 되어 온 세상에 큰 화제가 되었다.

카네기라 강철 왕으로 성공한 것은 이렇게 긍지를 가진 성실한 사원을 발견하는 명석한 머리와 그런 사람을 파격적으로 우대하는 재치가 있었기 때문이었다.

카네기의 묘소 비문에는 이렇게 적혀 있다.

– 여기에 자기보다 훌륭한 사람들을 자기 주위에

　모을 줄 아는 인간이 고이 잠들다–

세상의 중심을 먹으려는 청년

'이왕 태어나려면 중국처럼 넓은 땅에서 태어났어야 하는데…'어릴 적부터 세계지도를 자주 펼쳐 보면서 꿈을 품고 있던 소년이 어느새 자라 17세의 청년이 되자 기어이 봇짐하나를 들고 압록강을 건너 중국 심양의 조선 사람들이 많이 살고 있는 동네에까지 왔다.

그가 하루는 교회에 주일 예배를 드리러 갔다가 목사님으로부터 뜻밖의 질문을 받고 아주 당당한 듯이 대답을 했다.

"자네는 어찌하여 이곳까지 왔는가?"

"우리 조선 땅은 너무 좁아 중국처럼 넓은 이곳에서 저의 포부를 한번 펼쳐 보려고 왔습니다."

청년의 대답을 들은 목사님은 곧 그를 데리고 중국 사람들이 즐겨먹는 밀가루 전병 집으로 들어가 전병 하나를 시켰다.

"자네, 그 전병을 가운데서부터 먹어보게."

"이걸 어떻게 가운데부터 먹을 수 있습니까?"

청년은 목사님의 엉뚱한 요구가 자기를 놀리는 듯해서 기분이 좀 상했다. 그런데 목사님은 갑자기 고함을 버럭 지르며 이렇게 말했다.

"이놈! 떡 하나도 가운데부터 먹을 줄 모르는 놈이 어떻게 세계를 한 가운데부터 먹으려고 해? 지금 당당 조선으로 돌아가지 못할까?"

청년은 훈계를 받은 즉시 고향으로 되돌아왔다. 그가 바로 가나안 농장과 농군학교를 세우고 평생을 농민운동에 바치며 박정희 대통령에게 농군사관학교가 꼭 필요하다고 강력히 건의했던 김용기 선생님이다.

심의(心醫) 페스탈로치

"아버지는 사람의 병을 고쳐주시는 의사이면서 왜 아버지 자신의 병은 고치지 못하고 돌아가시렵니까?"

어린 소년은 병상에 누워 계시는 아버지를 향해 이렇게 투정을 부렸다.

그때 그의 아버지는 남은 기력을 다해 실낱같은 목소리로 "그래, 나는 사람의 몸의 병을 고쳐주는 의사가 되어 일을 해 왔다. 그러나 너는 이 다음에 반드시 사람의 몸을 아프게 하는 병보다도 마음의 병을 고쳐주는 의사가 되어라."

이렇게 어린 아들에게 마지막 말을 남기고 눈을 감았다.

이것은 고아의 아버지로 불리는 페스탈로치가 소년시절에 자기 눈앞에서 돌아가시는 아버지와 주고받은 이야기이다.

페스탈로치는 아버지의 유언에 따라 부인과 함께 고아들을 모아 자선학교를 열어 글을 가르치며 돌봐주었다.

어느 추운 겨울날이었다. 수많은 아이들 중 가장 말썽을 피우고 성격이 거친 아이 하나가 없어져 온 동네를 찾아 헤매었다. 동네 사람들은 그렇게 나쁜 아이를 찾아 뭐 하느냐고 빈정거리다가 페스탈로치의 지극한 정성에 감동되어 찾는 일에 협조하기 시작했다.

며칠만에 마을의 낡은창고 구석에서 잠자는 그 소년을 찾은 페스탈로치는 자기 옷을 벗어 덮어주며 껴 안았다. 그러자 그아이는 "엄마…"하면서 잠고대를 하며 안기는 것이 었다.

그는 눈물을 흘리면서 소년의 마음의 병을 고쳐 주기에 온 정성을 기울인 결과 소년은 누구 보다도 착하게 자라 훌륭한 사업가가 되었고 자선사업에도 많은 힘을 썼다.

동전 한 푼의 교훈

"사장님, 감사합니다. 하지만 이 정도의 돈은 저에게도 있습니다. 도로 가져가십시오."

"음. 그래? 겨우 동전 한 푼이라고 마음에 들지 않는다면 안 받아도 좋다. 그러나 너는 반드시 이 동전 한 푼 때문에 눈물을 흘릴 때가 있을 것이다."

뉴욕의 큰 백화점 엘리베이터에서 일하던 소년이 엘리베이터에서 내리는 손님과 주고받은 이야기다.

그 손님은 바로 세계적인 갑부인 자동차왕 포드였으며 포드 사장이 자기 백화점에 와서 엘리베이터를 이용하게 된다기에 최대의 서비스를 아끼지 않았던 소년은 그로부터 겨우 동전 한 푼을 팁으로 받게 되자 너무나 실망한 나머지 도로 포드 사장에게 주었을 때, 포드 사장이 소년에게 준 뼈저린 훈계였다.

그 후 수십 년이 지났을 때 그 소년을 위대한 사업가가 되었다. 세상 사람들이 그에게 성공비결을 묻자 그는 이렇게 대답했다.

"내가 성공한 것은 소년시절 백화점에서 일을 할 때 포드사장이 내게 들려 준 한 마디 때문이었습니다. 그 후 나는 그의 말을 거울삼아 동전 한 푼 때문에 눈물을 흘리는 일이 절대로 없도록 하기 위해서 피나는 노력과 절약을 해 왔습니다."

소년은 포드 사장에게서 들은 한 마디의 말을 평생의 금언으로 삼은 재치와 놀라운 끈기 때문에 마침내 성공한 것이다.

엉터리 선달 벼슬

　조선시대에 3년에 한 번씩 치르는 가장 격이 낮은 병과(丙科)의 과거시험을 초시(初試)라고 하였으며, 여기에 합격하더라도 벼슬길에 오르지 못한 사람을 선달(先達)이라고 하였다.

　봉이 김선달이 초시에라도 합격하여 선달 이름이라도 얻어야겠다는 욕심으로 친구 몇 명과 함께 서울에 올라왔다.

　여관에 머물면서 초시에 무난히 합격할 방도를 곰곰이 생각하던 중 마침내 시험 날이 되자 그는 여관집 주인에게 청하여 두꺼운 솜옷 한 벌을 빌려 가지고 과거장으로 갔다. 때문 삼복 중이라 도포에 갓만 쓰고 있어도 땀이 비 오듯 하는데 그는 도포 위에 솜옷을 껴입은 해괴한 옷차림을 하고 과거장 안으로 들어갓다.

　시관(試官)앞에 서자 시관이 물엇다.

"그대는 무슨 글을 외우겠는가?"

"네, 저는 경(經)을 외우겠습니다."

"그런데 자네는 왜 이 더운 때에 솜옷을 입고 왔는가?"

"네, 저는 여관에 머물고 있다가 그만 열병에 걸렸습니다."

"뭐, 뭐라고 ! 열병에 걸렸다고?"

　시관은 혼비백산하여 급히 멀리 떨어지면서 황급히 말했다.

"자네는 가까이 오지말고 멀리 서서 경을 외우게"

　김선달은 좋다구나 하고 엉터리 염불을 입 속으로 '중얼중얼'하고만 있는데 시관은 그 사이에라도 열방이 자기에게 옮을까봐

"됐네, 그만 외우게. 자네는 합격이야. 어서 나가게."

　이렇게 해서 친구들은 다 떨어지고 혼자서만 선달 벼슬을 얻었다 한다.

03
지도자가 지닐 지혜와 재치

세상을 이끌었던 많은 지도자는 운명을 타고난다 합니다. 그러면 그 많은 지도자중 지혜와 재치,유머까지 타고 난 사람은 과연 몇 명이나 될까요. 금방 생각해 봐도 몇 명은 떠오를 것입니다. 나폴레옹, 간디, 황희 정승, 도산 안창호, 소크라테스, 처칠, 안자,네루, 만델라, 그리고 부모님 등등. 물론 지도자로서나라를 잘 이끌고 가는 것은 당연하 겠으나, 힘들고 괴로워하는 사람들을 만나 용기를 심어주는 지혜로운 말 한마디가 그 사람의 미래를 움직일 수 있고. 나라를 구할 수도 있습 니다 따라서 지도자가 지녀야 할덕목 중 가장 으뜸은 지혜와 재치라 생각됩니다.

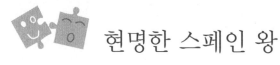

현명한 스페인 왕

　스페인의 아리곤 왕이 어느날, 10여 명의 신하들을 이끌고 민정시찰을 나갔을 때의 일이다.

　어느 보석가게 앞을 지나다가 진열장 안의 보석이 너무 좋아 보여 왕은 신하들과 함께 보석가게 안으로 들어갔다.

　왕은 주인에게 이것저것 물어보다가 보석하나를 사가지고 신하들과 함께 그 가게를 나왔다. 그런데 100여 미터쯤 갔을 때 보석상 주인이 헐레벌떡 뛰어왔다.

　"폐하, 말씀드리기에 대단히 죄송하오나 폐하께서 다녀가시고 난 다음 저의 가게에서 가장 값비싼 다이아몬드 하나가 없어졌습니다.

　이 말을 들은 왕은 크게 당황하여 신하들과 함께 다시 보석 가게로 되돌아갔다. 왕은 잠시 생각을 하다가 주인에게 부탁했다.

　"큼직한 항아리에 소금을 절반 정도 넣어 가지고 오시오."

　가게 주인은 잠시 후에 소금항아리를 왕 앞에 갖다 놓았다.

　그때 왕은 신하들에게 명령을 했다.

　"지금부터 한 사람씩 차례대로 자기 주먹을 이 항아리 안에 넣고 소금을 잠시 휘젓다가 꺼내시오."

　신하들은 한 사람도 빠짐없이 왕의 명령대로 다 실행하였다. 왕은 주인에게 탁자 위에 그 소금항아리를 엎어 쏟아보라고 하였다. 그랬더니 큼직한 다이아몬드 하나가 그 소금 속에 섞여있지 않은가.

　현명한 왕의 재치로 보석을 찾았을 뿐 아니라 그것을 훔쳤던 신하에게는 아무도 모르게 자기 잘못을 뉘우치도록 해 주었던 것이다.

나폴레옹과 사과

　프랑스 소년사관학교 앞에 있는 사과가게에는 휴식 시간마다 사과를 사먹는 학생들로 늘 붐볐다.

　그러나 그 많은 학생들과 달리 돈이 없어서 저만치 떨어진 곳에 혼자 서 있는 학생 하나가 있었다.

　"학생, 이리와요. 사과하나 줄테니 와서 먹어요."

　가게의 여주인은 가난한 그 학생의 사정을 알고 만날 때마다 불러서 이렇게 사과 하나씩을 주었다.

　그 뒤 30년이라는 세월이 흘렀다. 사과가게 여주인은 그 사이에 허리가 구부러진 할머니가 되었지만 여전히 그 자리에서 사과를 팔고 있었다.

　어느 날 장교 한 사람이 그 사과가게를 찾아왔다.

　"할머니, 사과 한 개만 주세요."

　할머니는 빙그레 웃으며 그 장교에게 앉으라고 의자를 권하였다.

　"군인 양반, 자랑 같지만 지금의 황제이신 나폴레옹 황제께서도 소년사관학교 시절에 우리 가게에서 가끔 사과를 사서 그렇게 맛있게 드셨지요. 벌서 30년이나 지나간 이야기지만……."

　"내가 듣기로는 그때 그 학생은 가난해서 늘 할머니께서 사과를 그냥 주셔서 얻어먹었다고 하던데요."

　이말은 들은 할머니는 펄쩍 뛰면서 ,

　"아니오. 그건 군인 양반이 잘못 들은 거예요. 그 때 그 학생은 반드시 돈을 꼭꼭 내고 사먹었지요. 한번도 그냥 얻어 먹은 일은 절대로 없었어요."

　할머니는 나폴레옹 황제가 소년시절에 겪은 어려웠던 일이 사람들의 입에 오르내리는 것이 싫은 듯 이렇게 극구 부인하였다.

그러자 장교는 다시 물었다.

"할머니는 지금도 황제의 소년시절 얼굴을 기억하십니까?"

할머니는 조용히 고개를 옆으로 저으면서 먼 하늘을 바라보았다. 가난했던 그 학생에게 동정을 베풀던 옛날의 추억을 더듬는 듯 했다.

그런데 이때 장교는 갑자기 먹던 사과를 의자에 놓고 일어나 할머니의 손을 두손으로 꽉 잡으며 눈물을 흘렸다.

"할머니, 제가 바로 나폴레옹 황제입니다."

"예!., 당신이 나폴레옹 황제라고요?"

"예, 제가 바로 30년 전에 돈이 없어 사과를 사먹지 못할 때 할머니께서 가끔 저에게 사과를 주신 보나파르트 나폴레옹입니다. 그때의 사과 맛은 지금도 잊지 못하고 있습니다. 저는 그때 그 사과를 먹으면서 언젠가는 할머니의 은혜를 꼭 갚겠다고 몇 번이고 다짐을 했습니다."

나폴레옹에게 두 손을 잡힌 채 어찌할 줄을 모르는 할머니의 눈에선 어느 새 눈물이 흐르고 있었다. 나폴레옹 황제는 금돈이 가득 들어 있는 주머니를 할머니 손에 쥐어 주면서 말했다.

"할머니, 이것은 저의 얼굴이 새겨진 금돈입니다. 이 돈을 쓰실 때 마다 저를 생각해 주십시오. 정말 고맙습니다, 할머니."

할머니는 꿈속에서 깨어나지 못하는 듯 저만치 사라져 가는 황제를 바라보며 실낱같은 먼 옛날을 아련히 떠올리고 있었다.

구두수선공이 준 놀라운 교훈

"너의 구두 끝을 뽀족하게 만들까, 동그랗게 만들까?"

이것은 미국의 제 40대 대통령을 지낸 로널드 레이건이 어렸을 때에 새 구두를 맞추려고 찾아간 그에게 구두수선공이 한 질문이었다. 그때 레이건이 결정을 못하고 망설이자 구두수선공이 다시 말했다.

"지금 결정을 할 수 없으면 며칠동안 잘 생각해서 결정해 가지고 다시 찾아오너라."

며칠 뒤 레이건은 길에서 우연히 그 구두수선공을 만났다.

"너의 구두 끝을 어떻게 만들 것인지 결정했느냐?"

"아직 결정못했습니다."

"그렇다면 며칠 후 너의 구두를 찾으러 오너라. 너의 구두를 내가 만들어 놓을 테니까."

며칠 후 레이건은 새 구두를 찾으러 갔다. 그런데 이게 웬일인가? 너무도 놀라 할 말을 잃어버렸다. 구두수선공이 내놓은 구두는 한 짝은 뽀족하고 또 한작은 둥글게 만들어 놓은 짝짝이 구두였다.

그때 그 구두수선공이

"너는 이 구두를 통해서 무언가 중요한 것을 배웠을 것이다."

하고 일러준 한 마디 말을 레이건을 때때로 회상하면서

"나는 그때 나의 일을 스스로 결정하지 않으면 누군가가 내 대신 내 마음에 들도록 결정할 수 없다는 것을 깨달았다." 레이건은 지도자가 지닐 지혜 한가지를 가르쳐 준 그 구두 수선공의 놀라운 재치와 유머를 늘 잊지 않고 고마워했다.

간디의 순간적인 자선

세계 5대 성인의 한 분으로 칭송을 받는 간디가 인도의 여러 지방으로 강연을 다니던 때의 일이다.

어느 날, 하루 종일 바쁜 일정에 쫓기다 보니 어느 새 약속된 다른 지방으로 가는 기차 시간이 임박해 있었다. 간디는 수행원들과 함께 급히 역으로 달려갔다. 역에 도착했을 때 열차는 막 출발을 하려고 움직이던 참이었다. 그들은 다행히 기차에 올라타 안도의 한숨을 내쉴 수 있었는데 그 순간 간디가 한마디 외쳤다.

"앗! 내 신발이 ……"

너무나 급하게 기차를 타가가 그의 발이 발코니에 걸리면서 신발 한짝이 벗겨져 그만 땅에 떨어져 버린 것이다.

"저걸 어쩌지?"

수행원들은 차창 밖으로 고개를 내밀며 멀어져 가는 신발 한짝을 보고만 있을수 밖에 없었다.

그런데 간디는 그 순간 나머지 한족 신발을 재빨리 벗어서 먼저 떨어진 신발 쪽으로 향해 힘껏 던지는 것이 아닌가.

"선생님, 두 발 다 맨발로 다니시렵니까?"

수행원들은 간디의 행동에 놀라 물었다 간디는 미소를 지으며 말했다.

"어느 가난한 사람이 신발 한짝을 주었을 때 그는 반드시 주변을 열심히 찾아볼 것이 아니겠소? 만일에 아무리 찾아보아도 다른 한짝이 없을 때에 그 사람이 얼마나 실망하겠소."

이렇게 간디는 순간적인 재치와 유머를 발휘하면서 자그마한 자선을 베풀기도 했던 것이다.

스승의 참된 교육 정신

영국 국왕 찰스 2세가 웨스트민스터 학교를 방문했을 때의 일이다. 교장인 리처드 버스비 박사는 모자를 그대로 쓴 채 국왕보다 앞장서서 걷고 있었고, 오히려 국왕은 모자를 벗은 채 학교장의 뒤를 졸졸 따라다니며 학생들이 공부하는 모습을 살펴보았다.

교단에서 학생들을 가르치는 교사들도 국왕이 복도를 지나거나 교실 뒤쪽으로 들어와도 교단에서 내려와 인사를 하거나 묵례하는 사람 하나없이 그저 태연하게 가르치는 일에만 열중하고 있었다.

학교 방문행사가 모두 끝나고 국왕이 교문 밖으로 나갔을 때에야 비로소 교장 버스비 박사는 국왕 앞에 고개를 숙이며 "전하, 전하께서 저희 학교를 방문해 주신 것을 무한한 영광으로 생각하며 감사 드립니다. 그리고 지금까지 학교 안에서의 저의 무례한 태도를 용서해 주십시오. 저희 학교 학생들은 교장인 저보다 더 위대한 사람은 없다고 생각하고 있습니다. 만일 학생들이 저보다 더 위대한 사람이 또 있다고 생각된다면 저는 학생들을 가르칠 수 없게 되기 때문입니다."이렇게 말했다. 국왕은 미소를 띄우며 말했다.

"아니오, 교장선생님의 말씀이 백번 옳은 말씀이오. 학교에서는 교장선생님이 가장 위대하시고 존경스러운 분이오." 이렇게 스승의 권위를 한껏 세워 준 찰스 2세의 제왕다운 모습도 훌륭했지만 국왕보다 앞장서 당당한 태도를 끝까지 학생들에게 보인 버스비 교장의 재치와 용기 또한 스승의 권위를 지키고자 하는 참된 모습이엇다.

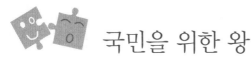 국민을 위한 왕

"왕은 국가의 종이다."

이 말은 프로이센의 왕 프리드히 2세가 18세게 때 한 유명한 말이며, 왕은 국민을 위해 존재한다는 것을 일찍이 깨우친 말이다.

어느 날 한 병사가 수도원의 성모 제단에 놓여 있던 은그릇을 훔치다가 사제에게 들켜 붙잡혀 왔다.

왕 앞에 끌려 온 그 병사는 다급한 나머지 이렇게 둘러댔다.

"폐하, 성모 마리아께서 저를 불쌍히 여기시고 저에게 은그릇을 가져가라고 하셨습니다."

이 말을 들은 프리드히 왕은 곁에 있던 사제에게

"기독교에서는 그러한 기적이 있는가?"

하고 물었다.

이 때 사제는 우물주물하며 대답을 하지 못하였다. 만일 그런 기적이 없다고 대답하면 종교의 의미를 퇴색시키는 것이고 되고, 기적이 있다고 하면 병사의 거짓말을 용인하는 결과가 될 것이기 때문이다.

그러자 왕은 병사와 사제 양쪽을 다 좋게 하는 재치를 발휘하여 도둑질한 병사의 죄를 용서해주면서 이렇게 말했다.

"불쌍한 병사여, 다시는 성모 마리아의 선물을 받지 말라."

이러한 프리드히 왕은 산업을 장려하고 농업을 발전시켜 유럽에서 막강한 나라가 되었으며, 국가 영도자는 오로지 국민을 위해 있어야 한다는 위민사상(爲民思想)이 강했던 훌륭한 왕이었다.

대대장의 따뜻한 교훈

중부전선에서 근무하던 김 하사의 경험담이다.

추운 겨울 어느 날 훈련을 받다가 너무나 피곤해진 김 하사는 훈련장 이곳저것을 살피며 쉴만할 곳을 찾기 시작했다.

부대에서 찾으면 어쩌나 하는 불안감도 있었지만 잠시 쉬고 싶은 마음이 너무나 간절하기에 알맞은 곳을 찾다가 대대장의 텐트 옆엘 지나가게 되었다. 마침 대대장이 안 계신 것을 확인한 김 하사는 겁도 없이 텐트 안으로 재빨리 들어갔다. 그리고 는 전투화를 벗어 놓고 야전침대에 올라가서 침낭을 덮고 잠깐만 누워 있겠다고 한 것이 그만 자기도 모르게 깜빡 잠이 들고 말았다. 참으로 큰 벌을 받아야 할 대담한 행동을 김 하사는 주저 없이 저지르고 말았다. 얼마나 시간이 지났을까. 문득 눈을 떠보니 대대장님이 난로에 불을 붙이고 계시지 않은가. 너무나 놀란 김 하사는 허둥지둥대다 그만 야전침대에서 떨어지고 말았다. 급히 일어나 깡충 발로 전투화를 신다가 또다시 넘어지고 말았다. 그때 대대장은 빙그레 웃으면서 어디 다치지 않았느냐고 물으셨다. 그리고 조용한 음성으로 말씀하셨다.

"지금 밖에 훈련에 몰두하는 전우들도 다 쉬고 싶지만 참고 있지 않은가. 자네도 나라를 위해서 최선을 다해야 하지 않겠나?"

자기가 없는 사이에 몰래 숨어 들어와 잠이 든 병사를 깨우지 않고 난로까지 피워주는 대대장의 따뜻한 온정과 재치에 감명을 받은 김 하사는 일생동안 잊지 못할 교훈으로 가슴에 새겨 놓고 있다.

두루뭉수리 황희 정승

세종대왕 대 두루뭉수리 황희 정승이 계셨다.

하루는 하인 한 사람이 들어오,

"대감님, 제가 아무개하고 이러저러해서 말다툼을 했습니다. 이것은 저의 잘못이 아니지요?"

하고 물었다. 황희 정승은,

"응 그래, 자네 말이 옳으네."

하고 그 하인을 내보냈다.

그런데 잠시 후에 또 다른 하인이 들어와서

"대감님, 그게 아니구요, 그 사람이 이러저러해서 다투었습니다. 저의 잘못이 아니지요?"

하고 말했다. 그런데 황희정승은 이번에도 또,

"응 그래, 자네 말도 옳으네."

하고 그 하인을 내보냈다.

이 광경을 처음부터 다 보고있었던 황희 정승의 부인이

"아니, 대감은 두 사람의 잘잘못을 분명하게 잘 가려주시지 않고, 어째서 이 사람 말도 옳다, 저 사람 말도 옳다고 하시는지요?"

하고 말하자 황희 정승은 이번에도 또

"응, 듣고보니 부인의 말도 옳구려."

하고 말하였다.

그는 이러한 두루뭉수리 마음으로 착한 정치를 가장 오랫동안 하였고 많은 일화를 남겼다

워싱턴 장군의 겸손과 재치

말을 타고 뚜벅뚜벅 길을 가던 신사가 땀을 흘리면서 목재를 운반하는 군인들의 작업광경을 보았다.

그런데 상사 한 명이 편안히 앉아서 구경만 하고 있기에는 신사는 그 상사에게 물었다.

"자네는 왜 같이 일을 하지 않는가?"

"저는 졸병이 아니고 명령을 하는 상사입니다."

상사는 주저 없이 대답했다.

그 말을 듣자 신사는 말에서 내려 웃옷을 벗어 놓고는 병사들 틈에 끼어 통나무를 운반하기 시작했다. 한참 동안 작업을 하느라고 많은 땀을 흘렸지만 큰 목재를 전부 목적지까지 운반할 수 있었다.

신사는 이마의 땀을 닦으면서 말에 올라타곤 상사에게

"앞으로 목재를 운반할 일이 또 있거든 총사령관을 부르게."

이렇게 말하고 유유히 그 자리를 떠나갔다. 상사와 병사들은 그제야 그 신사가 조지 워싱턴 장군임을 알았다.

지위가 높아도 몸소 낮추어 서로 돕는 겸손한 사람, 지도자의 자질을 행동으로 보여 준 장군의 그 겸손과 재치!

명령만 내리는 상사보다는 이런 사람이 정말 큰 사람이 아닐까? 마치, 바다가 가장 낮은 자리에서 모든 강물을 다 받아들여 마침내 큰 대양을 이루듯이……

30분 늦어진 인도의 독립

인도가 아직 독립을 못하고 영국의 지배하에 있을 때, 무저항주의로 독립운동을 벌인 마하트마 간디는 세계 5대 성인의 한 사람으로 숭배를 받는 위대한 독립운동가였다.

하루는 독립운동을 같이 하는 동지들의 중대한 회의가 있을 예정이었는데 몇 사람이 약속된 시간에 지각을 하여 30분 늦게 회의가 시작되었다.

개회사에서 간디를 엄숙한 목소리로 이렇게 말했다.

"회원 여러분, 몇 사람의 게으름 때문에 우리 인도의 독립이 30분 간이나 더 늦어지게 되었습니다."

재치 있는 이 한마디 말에 회의장 안은 갑자기 물을 끼얹은 듯이 엄숙해지고 모든 사람들은 고개를 들지 못하였다.

지각을 한 잘못에 대한 죄책감도 있었지만 그보다도 반세기에 걸친 자기나라의 독립을 아직도 이루지 못한 것은 그와 같은 게으른 국민성 때문이라는 뜻이 내포된 칼날 같은 날카로운 꾸중이 그들의 가슴 속을 아프게 찔러주었기 때문이었다.

독립은 결코 남이 갖다주는 것이 아니고 국민 한 사람 한 사람이 시간을 지킬 줄 아는 국민성부터 갖춰야 한다는 간디의 교훈이었다.

 # 작은 원한을 없애는 큰 덕

오(吳)나라와 싸우다가 나라를 잃고 피난을 갔었던 초나라의 소왕은 이웃 나라인 진나라의 도움으로 다시 궁궐로 돌아왔다.

그러나 오나라 군사들의 노략질과 행패로 궁궐은 쑥대밭이 되었으며, 능욕을 당한 아녀자들의 모습은 비참하기 이를 데 없으며, 그것을 본 소왕은 억장이 무너지는 듯한 슬픔과 분함을 겨우겨우 참고 있었다.

우선 백성을 위로해 주고 상벌을 밝힌 다음 논공행상(공로를 의논하여 상을 내리는 일)을 하려고 할 때 소왕은 신하들의 과거 잘못을 묻지 않고 관대하게 처리하려고 노력했다.

우선 소왕이 피난 갈 무렵 배가 없어서 강을 못 건너고 있는 임금을 거들떠보지도 않고, 자기 식구만을 태워 먼저 건너가 버렸던 대부 남윤미를 용서해 줄뿐 아니라 그에게 대부벼슬을 다시 주었다.

또 투회라는 신하에게도 벼슬을 주려고 하자 그의 형 투신이 와서

"저의 동생 투회는 주상께서 피난 가시다가 그의 집에서 하룻밤을 묵을 때 옛날의 일을 구실 삼아 아버지의 원수를 갚겠다고 주상을 해치려고 하던 불충한 자입니다. 그러니 저의 아우 투회만은 제외시키소서."

이렇게 극구 반대하였으나 임금은 웃으면서 말했다.

"큰 덕은 작은 원한을 없애는 법이오. 투회는 아버지의 원수를 갚으려고 과인을 죽이려 한 것뿐이니 오히려 효자라고 할 수 있소. 또 그러한 효자가 어찌 충신이 되지 않겠소?"

이렇게 투회를 대부로 삼자, 이 소식을 들은 백성들과 신하들은 그러한 임금의 재치와 유머에 경의를 표하지 않을 수 없었고, 초나라는 금방 안정을 되찾았다.

도산·안창호 선생의 애국

"똑 똑 딱 딱"

어느 몹시 추운 겨울 날 새벽, 어느 골목 한쪽에서 이상한 소리가 들려왔다. 마침 새벽 예배를 마치고 돌아가던 목사님이 가던 길을 멈추고 그 소리를 이상히 여겨 그 쪽으로 발길을 돌려 가 보았더니 다름아닌 공중화장실 안에서 나는 소리였다. 어두컴컴한 화장실 안에서 누군가가 도끼로 화장실 바닥을 딱딱 치고 있었다.

"누구시오?"

목사님이 묻는 말에 그는 고개를 돌리지 않고 계속 열심히 바닥을 망치질하면서 대답하였다.

"화장실 청소를 하는 중입니다."

"그런데 왜 도끼로 화장실 바닥을 치는 게오?"

"사람들이 대변을 볼 때 똑바로 보지 않아서 대변이 바닥에 얼어붙었으니 다른 사람이 뒤를 볼 때 불편하지 않겠소!"

"이렇게 추운 날 새벽부터 너무 수고가 많소. 해장국이라도 한 그릇 자시구려."

목사님은 너무나 감사하여 그 사람 바지 뒷주머니에 동전 몇 개를 넣어 주고 돌아갔다. 그러자 그 사람은 청소를 마친 후 교회로 가 그 돈을 헌금했다.

그는 바로 도산 안창호 선생이었으며, 국내에서는 물론, 외국에서 독립운동을 할 때도 언제나 청소부터 시작하는 것이 그분의 정신이오, 재치와 유머였다.

소크라테스의 유머

세계 4대 성인 중의 하나 사람인 유명한 철학자 소크라테스의 아내는 행패가 대단히 심해서 '악처'라고 세상에 이름이 높았었다.

어느날 그녀는 책을 읽고 있는 소크라테스에게 심한 욕설을 한참 동안이나 퍼붓다가 물이 가득 찬 물통을 들고 들어와 "이 못난 영감쟁이야, 물벼락이나 한번 맞아 봐라."

하면서 소크라테스의 머리 위에다 물을 쏟아 부었다.

그제야 소크라테스는 책에서 눈을 떼며 털털한 웃음으로

"허허, 천둥이 요란하더니 마침내 소낙비가 쏟아지는군."

하고 심술궂은 아내와 맞싸우지 않고 유머로써 웃어 넘겼다.

이때 제자들이 몰려와서 남자는 꼭 결혼을 해야 하느냐고 묻자 이렇게 설명해 주었다.

"결혼은 반드시 해야지. 좋은 아내를 얻으면 행복할 것이고, 나쁜 아내를 얻으면 철학자가될테니까 …훌륭한 수부는 바다에서 사나운 파도와 싸워 보아야 하는 것이고, 또 훌륭한 기수는 성질이 가장 사나운 말을 택하는 법이니, 사나운 말을 잘 달래가며 탈 수 있는 기수라면 다른 어떤 말이라도 다 잘 탈 수 있듯이 나 역시 성질 나쁜 아내를 잘 달랠수 있다면 다른 어떤 사람이라도 훌륭하게 상대할 수가 있을 것 아니겠나?"

악처의 사나운 행동을 유머로써 웃어넘기는 철학자다운 설명이었다.

그리고 보면 소크라테스는 악처를 아내로 맞은 덕분에 철학자가 된 셈이었다.

 박세리의 훈련 방법

유명한 여자 골프 선수 박세리가 성공할 수 있었던 것은 그 아버지의
남다른 재치와 집념이 있었기 때문이었다.

아버지가 그녀에게 늘 강조하는 것은 자만하지 않고 끊임없이 노력하
는 정신력과 겸손이라고 가르쳤다.

그녀가 중학교 때 골프를 배우기 시작할 때의 일이다. 그녀의 연습 장
소는 언덕이 많아 공이 어디에 떨어졌는지 잘 보이지 않는 곳이었다.
그렇지만 다른 날보다 공이 잘 맞아 그녀의 마음은 한껏 들떠 있었다.
그러나 얼마 지나지 않아 공이 엉뚱한 곳으로 계속 떨어지는 것이었다.

그러나 그것은 그녀의 아버지가 그녀 몰래 공이 떨어진 위치를 바꾸
어 놓은 것이었다. 아버지는 그녀가 연습이 잘돼 자신감에 차 있을 때
는 자만하지 말라는 뜻에서 공을 안 좋은 위치에 몰래 갖다 놓았고, 반
대로 연습이 잘 안되어 실의에 빠져 있을 때면 자심감을 주기 위해 공
을 좋은 자리에 몰래 갖다 놓았던 것이다.

그녀는 당시 프로들도 치기 어려운 한 경기 당 60타 안팎을 치고 60대
스코어를 여러 번 기록했는데, 아버지는 60대 스코어를 한 번이라도 쳐
본 사람이라야 또 60대 스코어를 칠 수 있다고 생각해서 연습할 때 자
주 그녀 몰래 공의 위치를 바꿔놓곤 한 것이다. 이러한 아버지의 기지
로 그때 얻은 자신감 때문에 실제 경기장에서도 그녀는 연습과 똑같은
기록을 낼 수 있었던 것이다.

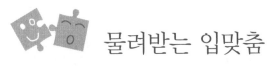

물려받는 입맞춤

스승이 제자에게 칭찬과 격려를 하는 방법도 여러 가지다.

세계적인 유명한 피아니스트 앤더 폴디즈는 칠순이 될 때까지도 마치 어제 있었던 일과 같이 기억하고 있는 일이 하나 있다. 그것은 열 여섯 살 때 자신의 음악적 재능을 처음으로 인정받아 순간의 감격이다. 그러한 감격은 콩쿨 대회에서 우승을 했을 때 누구나 갖는 감정이라 하겠지만 폴디즈의 경우는 특별히 다른 감각이었다.

폴디즈가 부다페스트에서 생활하던 소년시절의 일이다.

그때 그의 피아노 연주 실력은 남들에게 어느 정도 인정을 받고 있었지만 마음은 언제나 무거웠다. 그것은 자신을 가르치는 피아노 선생님의 좋은 평을 한 번도 받지 못하고 있었기 때문이었다.

그런데 그러한 폴디즈의 가슴을 설레게 만드는 순간이 찾아왔다. 그것은 당시 세계적인 피아노 연주가일 뿐만 아니라 프란츠 리스트의 마지막 제자로 알려진 유명한 에밀 폰 사우어의 부다페스트에서의 연주 일정이 잡혀 있었고, 그날 폴디즈는 그 사우어로부터 연주실력을 인정 받을 수 있는 행운을 얻었기 때문이었다.

마침내 폴디즈는 수많은 청중과 사우어 앞에서 바하, 베토벤, 슈만의 피아노곡 중 가장 어려운 것들을 골라 연주했는데, 그가 연주를 끝내자 사우어가 다가와서 그의 이마에 입을 맞추어 주면서

"애야, 내가 네 나이 때 리스트의 제자가 되던 날 첫 수업이 끝나고 그

분은 내 이마에 입을 맞추면서 '이 입맞춤을 너는 영원히 잊어서는 안된다. 이 입맞춤은 베토벤이 내 피아노 연주를 듣고 난 뒤에 나에게 해 준 입맞춤 이란다'라고 말씀하셨단다. 그 후 나는 그와 같은 의식을 내가 또 다른 사람에게 치르기 위해서 여러 해 동안 기다렸는데, 오늘에야 그 때가 되었구나. 너의 재능을 발견하여 나는 참으로 기쁘다."

이렇게 말하고 다시 한번 폴디즈 이마에 입을 맞추어 주었다.

베토벤으로 부터 시작된 그 입맞춤이 리스트를 거쳐 사우어에게서 물려받은 16세의 폴디즈는 그 감격을 가슴에 안고 다른 사람과 실력을 겨루며 좌절하는 일 없이 열심히 정진하여 자신의 음악 세계를 구축할 수 있었던 것이다.

50년이 지나 백발이 되도록 그날의 감격을 잊지 못하는 폴디즈는 평생 동안 자기를 격려해 준 그 '영광의 입맞춤'을 잊지 않고 있을 뿐 아니라 자기가 또 그 입맞춤을 물려 줄 상대를 기쁜 마음으로 기다리고 있는 것이다.

피아노의 대 연주자들로만 이어가는 이 '물려받는 입맞춤'은 훌륭한 제자를 격려하고 칭찬해 주는 가장 값진 보상 방법으로 그것의 창시자인 베토벤의 재치와 유머의 산물이었다.

수많은 피아니스트들이 이 '물려받은 입맞춤'을 받기를 원하고 또 그것을 다음 세대에게 전수해 주는 주인공이 되기를 바라면서 눈물겨운 노력을 하고 있는 것이며, 또 그것은 앞으로도 음악 세계에서 영원히 '물려받는 입맞춤'이 되어 나갈 것이다.

처칠 수상의 감동의 방송

영국의 처칠 수상이 전 세계를 향하여 중대한 방송을 하게 된 날 아침이었다. 그는 시내에서 흔히 볼 수 있는 택시를 타고 말했다.

"영국방송협회까지 갑시다."

"손님, 미안하지만 다른 차로 가 주실 수 없겠습니까? 이차는 그렇게 멀리까지는 가지 않습니다."

한 시간이나 걸려 못 가겠다는 택시기사의 말이었다.

"여보셔, 기사 양반. 이건 좀 너무하지 않소? 택시라면 손님이 요구하는 대로 가는 것은 온당한 일이 아니겠소."

"손님도 참 딱하시군요, 여느 때 같으면 상관이 없겠지만 앞으로 약한 시간 정도 지나면 처칠 수상의 방송이 있기 때문이오, 돈은 못 벌어도 그 방송은 꼭 들어야 하거든요."

기사가 말하는 것으로 봐 그 손님이 바로 그 처칠 수상인 줄을 모르는 눈치였다. 처칠 수상은 운전기사의 말이 마음에 들어 그 당시로서는 거금인 1파운드 짜리 지폐 한 장을 주었다.

그랬더니 그는 깜짝 놀라며,

"좋아요, 모셔다 드리지요. 에라, 처칠이고 뭐고 난 모르겠다. 나는 그저 돈이나 벌어보자."

하면서 차의 시동을 걸었다.

처칠 수상은 그 택시기사의 말에 실소를 금할 수 없었지만 기분은 좋았다.

처칠 수상의 재치로 겨우 시간 안에 방송국에 도착할 수 있었고, 그 방송은 전 세계 자유국가 국민들에게 큰 감명을 주는 유명한 방송이 되었다.

 안자의 지혜

제(齊)나라에서는 몹시 추운 겨울에 경공(景公)이 벌린 공사로 인해 백성들은 손발이 얼어터지는 큰 고생을 하고 있었다. 그들은 노나라에 사신으로 간 재상 안자가 빨리 돌아와 자기들의 고통을 왕에게 말해 주기를 기다렸다.

드디어 안자가 들어오자, 헐벗고 지친 백성들은 안자를 붙들고 눈물을 흘리면서 하소연했다.

어느 날 경공은 수고하고 돌아온 안자를 위해 잔치를 베풀었다. 안자는 자청하여 노래 한 곡을 지어 부르며 울었다.

"백성은 말하네 / 차디찬 추위에 / 내 손발은 얼어터지네."

왕은 재상을 위한 잔치에 왜 우느냐고 물었다.

"저를 위한다니요? 지금 백성들은 공사로 인해 손발이 터졌어요!"

이 말을 들은 왕은 그제야 고개를 끄떡이며 말했다.

"알았소. 재상이 그토록 마음 아파하니 봄이 올때 까지 공사를 중지하도록 하겠소. 너무 염려하지 마시오."

안자는 곧 물러나 공사장으로 갔다. 백성들은 기쁜 소식을 고대하고 있었지만 안자는 오히려 더 심하게 일을 시켜 백성들은 안자를 더 원망하게 만들었다.

다음 날 공사를 중지하라는 왕의 특명이 떨어지자 그들은

"이제는 안자도 믿을 수 없군. 우리에겐 임금님 밖에 없다."

하며 모두들 기뻐하였다. 안자는 이렇게 조정에서는 임금에게 직언을 하고, 밖에서의 원망은 자기에게로 모든 공은 임금에게 돌리는 재치를 발휘하였다.

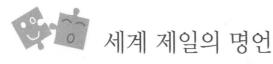

세계 제일의 명언

어느 나라 왕이 하루는 현인들을 모아놓고
"모든 백성들이 다 잘 살 수 있는 성공 비결을 적어 오시오."
하고 명령하였다.

현인들은 열심히 연구하고 토론도 하여 국민들이 다 잘 살수 있는 비결을 12권의 책에 적어 왕에게 바쳤다.

"12권이나 되는 책을 백성들에게 다 나눠어 줄 수 있겠나?"
하고 왕은 줄여 올 것을 명령했다.

현인들은 그것을 절반인 여섯 권으로 줄였다가 그것도 거절당하자 또 두 권으로 대폭 줄였다. 그러나 왕은 그래도 길다고 하여 마침내 한 권의 책으로 줄이게 하였다. 그런데 왕은 그것도 더 줄여 오라고 명하는 것이 아닌가?

현인들은 한 페이지의 글로 요약했다. 그러나 왕은 또 고개를 옆으로 저으면서 못마땅 해했다.

현인들은 할 수 없이 그 한페이지의 글 중에서 가장 핵심적인 글귀 한 마디만을 적어서 왕에게 바쳤다. 그때서야 왕은 "그래 바로 이거야! 이 거면 누구나 다 잘 살 수 있을거야."
하면서 기뻐했다.

그 한마디로 줄인 비결은 과연 무엇이었을까?

왕의 기지로 마침내 얻어낸 백성들이 다 잘 사는 비결! 그것은 '공짜는 없다' 바로 이 한마디엿다.

왕은 즉시 이 비결을 온 백성에게 펴 실천하게 한 결과 얼마 후 모두 다 잘 살게 되었다. 그래서 '공짜는 없다' 이것이 가장 간단한 세계 제일 의 명언이 되었다.

영원히 잊지 못할 장군

권 하사가 군대생활을 하던 때의 경험담이다.

부대 배치 명령을 받고 가던 중. 볼일이 급해 터미널 공중화장실에 갔다. 권 하사는 볼일을 다 마친 후 비로소 화장지가 없다는 사실을 알고 그만 하늘이 노래졌다.

그때 다행이 문틈으로 노인 한 분이 화장실로 들어오는 것이 보여 염치불구하고 화장지를 부탁해 무사히 위기(?)를 모면할 수 있었다. 밖으로 나온 권 하사는 수염이 덥수룩한 그 노인께 담배 한 값을 사 드리며 고맙다는 인사를 거듭했다. 부대에 도착한 다음 날 권 하사는 동기들과 함께 부대 도착신고 차 여단장실로 들어가 일렬 횡대로 서서 권하사가

"여단장님께 대하여 경례!"

하려던 순간 또 한번 하늘이 노래졌다고 한다.

여단장님은 바로 어제 화장실에서의 그분이었으니 그럴 수 밖에… 정신이 아찔하여 어찌할 바를 모르고 있을 때에 여단장님은

"권 하사, 어제 담배 잘 피웠네."

하시며 먼저 악수를 청해 주셨다.

그 후로도 여단장님은 부대에서 만날 때마다 격려를 아끼지 않았고, 권 하사가 전역할 때도 관사로 따로 불러

"사회에 나가 소금 같은 존재가 되라."

하시며 술도 손수 따라 주셨다.

몇 년 전에 그 분이 암으로 돌아가셨다는 소식을 듣고 권하사는 국립묘지에 가 참배하면서 지도자가 지닐 재치와 유머가 풍부한 민찬기 장군을 한없이 그리워하였다고 한다.

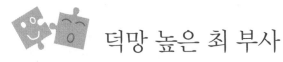

덕망 높은 최 부사

"새로 부임하는 사또는 또 어떤 사람일까?"

"떠나간 사또처럼 또 백성들에게 폐만 끼치지는 않을까?"

백성들은 자기 고을을 다스리는 사또가 바뀔 때마다 이렇게 걱정을 하면서 초조해 했다.

때는 고려의 충렬왕 때였다.

최석이라는 관리가 전라남도 순천 부사로 임명되어 온다는 소식이 들려오자 고을의 백성들은 하나같이 근심을 하고 있었다. 그도 그럴 것이 먼저의 부사는 백성들에게 세금을 너무 많이 걷어 자기 욕심만 채워 가지고 떠나갔기 때문에 새로 오는 사또에 대해서 그토록 궁금히 여기는 것이었다.

그런데 새로 오는 부사 최석은 부임하기 전에 세 가지 부탁의 글을 써서 순천 고을 관청에 먼저 보내왔다.

첫째, 내가 부임할 때 길에 나와서 환영행사를 하지 말 것

둘째, 관청이나 내가 살 집을 수리 하느라고 세금을 걷지 말 것

셋째, 나한테 바치는 선물을 절대로 준비하지 말 것

이 글을 받아 본 아전과 백성들은 모두 안도의 숨을 쉬었다.

아니나 다를까, 최 부사는 부임하는 날 아주 검소한 옷차림에 낡은 이부자리와 몇 권의 책, 그리고 집에서 기르던 보잘것없은 말을 타고 왔기 때문에 오히려 백성들이 놀랄 수밖에 없었다.

"이제야 우리 고을이 훌륭한 사또를 만났구나."

"이제는 우리 백성들이 마음 편히살 수 있게 되었다."

하면서 백성들은 입을 모아 최부사가 부임한 것을 기뻐했다.

"백성들이 있으므로 해서 사또도 있고 아전도 있는 것이므로 백성들을 가족같이 사랑하고 그들을 도와야 하며, 절대로 억압하거나 금품을 요구해서는 안 된다. 만일 나의 이러한 시정방침을 조금이라도 어기는 관리가 발견되면 나는 엄한 형벌을 내릴 것이다."

이렇게 당부를 하고 자신도 매사를 깨끗하고 바르게 처리하였다. 그리하여 그 고을 백성들은 오래간만에 마음 편히 살게 되었으며 최 부사를 어버이처럼 받들고 존경하였다.

3년의 임기가 끝나자 내직으로 승진해 가는 최석을 그 고을 백성들은 못내 아쉬워하며 꿀과 찰떡 같은 음식을 환송 선물로 주었지만, 최 부사나 그런 것마저도 일체 받지 않았다.

그뿐 아니라, 원님이 임기를 마치고 떠나갈 때 백성들의 말여덟 필을 가져가는 풍습이 예로부터 있는 것을

"그런 나쁜 풍습은 없애야 한다. 나는 내 말을 타고 가겠다."

하면서 부임할 때 타고 온 말을 타고 검소하게 떠나갔다.

그때부터 순천에서는 부사가 떠날 때 말 여덟 필을 가지고 가는 풍습이 없어졌다.

백성들은 그토록 청렴결백한 최 부사의 공을 기리는 팔마비(八馬碑)라는 비석을 세웠는데 그것은 지금도 남아 있다.

더욱 놀라운 일은 최부사가 개경으로 올라온 몇 달 후에 자기가 타고 온 말이 새끼를 낳자,

"이 망아지는 어미 말이 순천에 있을 때 뱃속에 생겨 순천의 풀을 어미가 먹고 자랐으니 순천의 말이다."

이렇게 말하면서 그 망아지를 기어이 순천으로 보내 주었으니 그야말로 모든 관리가 지녀야 할 재치와 덕망의 모범이라 할 수 있다.

수도사가 될 자격

"원장님, 저도 이곳에서 지낼 수 있도록 해주십시오. 저는 어찌된 일인지 하는 일마다 실패하여 사람들이 저를 쓸모없는 인간으로 취급합니다. 차라리 죽어야겠다고 마음먹었다가 마지막으로 원장님을 찾아뵙는 것이니, 제발 저의 소원을 들어주십시오."

이렇게 수도원장에게 하소연하는 젊은 사람은 며칠을 걸어서 사막에 있는 이 수도원까지 찾아온 것이다.

"자네가 자신 있게 할 수 있는 일은 무엇인가?"

수도원장의 질문에 청년은 한참 동안 생각하다가 대답했다.

그러자 수도원장이 젊은이에게 말했다.

"좋아, 그렇다면 자네가 여기 있는 수도사와 장기를 두어서 이기면 자네를 수도사로 받아주고, 장기에 지면 여기 있는 이 칼로 자네의 목을 칠 것이네."

이 말에 젊은이는 무섭고 놀랬지만 이왕에 자살까지 하려고 했던 몸이라 주저 없이 응낙했다.

수도원장은 곧 장기를 가장 잘 두는 수도사 한사람을 불렀다.

"자네가 이 젊은이와 장기를 두어야 하는데 자네가 이기면 이 칼로 젊은이의 목을 치고, 만일 자네가 지면 자네의 목을 치겠네."

이렇게 수도사에게도 무섭고 냉혹한 지시가 내려졌다.

이윽고 두사람 모두 장기판 앞에 마주 앉아 장기를 두기 시작했다. 두사람 모두 바짝 긴장되는 순간이었다. 젊은이는 한참을 밀고 밀리다가 점점 자기가 지게 되니까 정신을 더욱 바짝 차렸다.

자기가 지면 죽는다는 생각에 진땀을 흘리며 온 정신을 집중시키며 장기에 임하였다.

그렇게 두다보니 장기는 다시 팽팽한 균형을 유지하게 되었고, 오히려 시간이 지나갈수록 수도사가 밀리기 시작하였다.

젊은이는 고개를 들어 수도사의 얼굴을 보니 핏기가 하나도 없는 얼굴에 땀을 흘리며 몹시 초조해하는 기색이었다.

그런데 이때 청년의 마음이 변하기 시작했다. 자기보다 착한 일을 많이 하고 있는 수도사가 장기에 져서 목숨을 잃는다는게 과연 옳은 일인가? 청년은 마침내 비상한 결심을 했다.

'나처럼 쓸모없는 인간이 죽는 게 낫지, 저 분이 나 때문에 억울하게 죽어서야 되겠는가.'

이렇게 생각한 젊은이는 그때부터 다 이긴 장기를 일부러 아무렇게나 두기 시작했다. 금방 판세를 수도사에게 유리하게 변해갔다.

그런데 이게 웬일인가. 장기판을 계속 지켜보던 수도원장은 갑자기 장기판을 뒤엎어 버리면서 말했다.

"장기 시합은 이제 끝났다."

그리고, 수도원장은 젊은이에게

"됐네, 나는 장기를 두고 있는 자네에게서 두 가지를 보았네. 하나는 정신을 바짝 차리고 죽기살기로 뛰어들 때의 삶에 대한 자네의 집중력과 또 하나는 상대방을 측은히 여기는 인간에 대한 사랑. 이 두 가지를 자네에게서 발견했네. 이 두가지만 있으면 수도사가 될 자격이 충분하네. 자네를 오늘부터 수도사로 받아주겠네."

이렇게 말하며 청년을 힘있게 포옹하였다.

그 청년은 그날부터 열심히 수련을 쌓아 후일에 훌륭한 수도사가 되었다. 바로 수도원장의 지도자다운 재치와 지혜의 덕분이었다.

 네루의 역사관

마하트마 간디와 함께 인도의 독립운동을 하던 네루는 1921년부터 1945년까지 무려 아홉 차례나 투옥되었다. 그는 옥중에 있을 때 아버지가 돌아가셨고, 자기 아내마저 투옥되는 아픔을 겪어야 했다.

"딸아, 나는 네가 한 두 나라에 국한되는 편협한 역사를 배우지 말고 전 세계의 역사를 연구하라고 권하고 싶다."

이것은 옥중에서 외동딸에게 보내준 첫 번째 편지로서 3년동안 형무소에서 세계사에 관한 편지를 썼다.

그것을 집대성한 것이 '세계사 편력'이라는 책이 되었고, 그는 거기에서 서구 중심의 역사관을 극복하고 동서양 역사를 균형있게 바라볼 것을 강조했다.

재치있는 대화와 토론을 좋아하던 네루는 딸에게 주는 편지에서도 딸에게만 할 수 있는 허물없는 말투로 풍부한 독서경험과 역사를 보는 탁월한 안목은 잔잔한 물결처럼 감동을 안겨 주었다.

1947년 독립된 인도의 초대 총리가 되어 17년간 인도를 이끌었던 네루, 그리고 아버지의 정성어린 편지를 읽고 자라 훗날 또한 인도의 여자 총리가 된 외동딸, 그들이 만든 이 책에서 역사라는 것은 옛날에 있었던 일들의 단순한 지식이 아니라, 자신의 삶에 대해 진지하게 생각하고, 어떻게 살아갈 것인가를 고민하는 사람들에게 소중한 거울이 된다.

'역사를 읽는 것은 즐거운 일이다. 하지만 그보다 더 중요한 것은 역사를 만드는데 참여하는 일이다.'

라고 네루는 말했다.

만델라의 건강비법

아프리카 최남단의 남아프리카 공화국은 영국연방의 자치령으로서 오랫동안 백인들만이 정권을 쥐고 경제권을 독점하며 풍요롭게 살아왔지만, 인구의 70%가 넘는 흑인들의 식민지 노예생활은 비참하기 짝이 없었다.

독립운동을 하다가 백인 정부에 의해 26년 간이나 감옥생활을 한 넬슨 만델라는 젊은 시절에 감옥에 갇혀 백발이 희끗희끗해서야 풀려 나왔지만 예상과는 달리 매우 건강해 보였다.

"당신은 기나긴 감옥생활에서 어떻게 건강을 유지하였나요?"

"당신의 건강비법은 무엇입니까?"

이렇게 사람들의 질문이 쏟아져 왔지만 만델라는 그 비법을 자서전에서 다음과 같이 소개하였다.

'감옥에서 죄수들에게 주어지는 중노동을 하러 나갈 때마다 모두 원망스러운 마음으로 끌려갔지만 나는 좁은 감옥보다는 넓은 자연으로 나간다는 즐거움에 오히려 그 시간이 기다려졌다. 힘겨운 노동으로 몸은 비록 고되었지만 푸른 하늘을 보고 새소리를 들으며 기쁜 마음으로 일을 했다.

남들이 감방 안에서 항상 좌절과 분노를 삭이지 못하고 있을 때 나는 감방 뒤뜰에서 채소를 가꾸며 새 생명 창조의 신기함을 기쁨으로 삼고 26년 간을 보내왔다'

이렇게 고통을 즐거움으로 바꾸며 좌절을 잊고 분노를 삭이는 재치와 평화정신이 바로 만델라의 건강비법이었으며, 마침내 그는 흑인으로서는 역사상 처음으로 남아공의 대통령이 되었던 것이다.

성자 콜렌 신부의 희생

때는 1941년 8월, 제2차 세계대전이 한창인 어느 날이었다.

수만 명의 죄 없는 사람들을 가두고 있던 나치의 아우슈비츠 수용소에서 한 명의 탈출자가 발생한 사건이 일어났다.

그러자 수용소에서는 이러한 탈출 사건이 다시 일어나지 않도록 하기 위해 더욱 가혹한 형벌을 가하기 시작했다.

한 교도관이 수감자 전원을 마당에 모아 놓고

"도망친 놈 대신 너희들 중 10명을 골라 굶겨 죽이겠다."

하면서 멋대로 이 사람 저 사람을 가르키며

"너 이리 나와. 너도 이리 나와 ……"

하면서 순식간에 10명을 골라내었다.

그 10명 중 한 사람은 폴란드사람으로 함께 지내던 콜렌신부를 몹시 미워하고 기독교를 비방하던 아주 교활한 사람도 섞여 있었다.

그런데 그가 별안간 교도관 앞으로 나가 땅에 무릎을 꿇고 두손을 비비며

"존경하는 교도관님, 제발 저를 살려 주십시오. 제가 죽으면 고향에 있는 저의 처와 자식들고 다 굶어 죽게 됩니다. 제발 저만을 살려 주십시오. 교도관님."

하고 울면서 엄살을 떨었다.

"이놈아, 너만 고향에 가족이 있는 줄 알아? 다른 사람도 다 마찬가지야."

하면서 교도관은 발길로 그 사람을 걷어찼다.

바로 이때였다. 이 광경을 보고 있던 여러 사람들 중에서 한 남자가 교도관 앞으로 나오더니 "교도관님, 저 사람 대신 나를 죽게 해 주시오.

나는 아내도 없고 자식도 없으므로 나 하나만 죽으면 그만입니다."

이렇게 말하는 것이었다. 그는 바로 지금 교도관 앞에서 무릎을 꿇고 비굴하게 빌고 있는 사람이 가장 미워하던 콜렌신부였다. 그래서 사람들은 더욱 놀랐다.

결국 그날부터 콜렌 신부는 자기를 비방하던 그 사람 대신에 다른 9명과 함께 별도의 감방에 갇히게 되었고, 그는 거기에서 굶어 죽어 가는 다른 9명의 수감자를 위해 위로와 기도로서 천국으로 인도 하고 결국은 제일 마지막으로 조용히 눈을 감았다.

다른 감방에 있던 수감자들은 그 소식을 듣고 남을 위해 대신 죽어간 콜렌 신부를 더욱더 존경하게 되엇다.

전쟁이 끝난 후, 그 소식을 전해들은 로마 교황청의 교황 바오로 2세는 콜렌 신부를 성자로 추대하였으며, 그로 인해 온 세계 사람들은 다시 한번 콜렌 신부를 우러러보게 되었다.

남의 죽음을 대신한다는 것은 말로는 쉽지만 실천하기는 매우 어려운 일이다. 가족이 있는 사람보다는 홀몸인 자기를 희생해야 한다고 생각한 콜렌 신부의 용기는 이렇게 자기를 미워하던 사람의 죽음까지도 대신하였던 것이다.

 군자의 길

맹자(孟子)가 하루는 만장이라는 제자에게 다음과 같은 이야기를 들려주었다.

지혜가 많다고 소문이 난 초나라의 정자산이라는 관리가 살아 있는 희귀한 물고기 한 마리를 선물로 받았다.

그는 그 물고기를 그냥 잡아먹기에는 너무 아까운 보기 드문 고기라고 여겨 연못지기에게 맡기면서 잘 기르도록 했다.

그런데 어느 날 연못지기는 누구한테서 그 물고기가 좋은 보약이 된다는 말을 듣고 몰래 삶아 먹어 버렸다.

그 후에 정자산이 그 물고기가 잘 자라고 있는가를 보기 위해 연못을 살펴보았으나 그 물고기는 눈에 띄지 않았다.

"내가 맡긴 물고기는 어디로 갔오?"

"깊은 곳으로 갔습니다."

"깊은 곳으로 가다니?"

"그 물고기가 처음에는 다 죽어 가듯 하더니 차차 기운을 차려 물길을 힘차게 거슬러 올라가 저기 깊은 강물 속으로 들어갔습니다."

연못지기는 시치미를 떼고 천연스럽게 그 연못에 물을 대주는 강줄기를 가리켰다.

"그 물고기가 제 살 곳으로 갔구나."

정자산은 고개를 끄떡이면서 연못지기를 가리키는 강줄기를 한번 바라보고는 그대로 가버렸다.

그 후 연못지기는 친구들에게 그 이야기를 솔직하게 말하면서 빈정거

리는 말투로

"누가 정자산을 지혜로운 사람이라고 칭찬했는가, 내가 몰래 잡아먹은 줄도 모르고‘ 고기가 제 살 곳으로 갔다'고 고개를 끄떡이면서 갔으니, 똑똑하다는 선비도 별 수 없더구먼."

하고 비웃었다.

여기까지 이야기 한 맹자는 만장에게 질문을 했다.

"정자산이 정말 모르고 '물고기가 제 살 곳으로 갔다'고 말했을까?"

만장은 잠시 생각을 하다가 대답했다.

"정자산 같은 지혜로운 사람이 연못지기가 삶아 먹은 것을 몰랐을 리가 있겠습니까?"

"그렇다면 왜 그런 말을 하면서 연못지기를 문초하지 않았을까?"

만장은 또 잠시 생각을 하더니 이렇게 대답을 하였다.

"그건 연못지가가 너무도 이치에 맞게 말을 하므로 정자산이 어떻게 꼬투리를 잡을 수가 없었기 때문이겠지요."

"바로 그것이다. 군자는 상대방이 너무도 도리에 합당하게 말을 하면 그것이 거짓인 줄을 알면서도 더 이상 따지지 않고 일부러 속아주는 것이지. 그렇게 해서 상대방이 스스로 자기의 잘못을 부끄럽게 여기도록 기회를 주는 것이다. 그것이 지혜롭고 재치있는 군자가 취하는 길이다.

이렇게 맹자는 비유를 들어서 제자들을 가르쳤다.

충언을 바라는 황제

"경들은 내게 무엇을 바라는지 솔직하게 말해보시오."

페르시아의 황제 코스로스는 중병에 걸렸다가 회복되어 병석에서 일어난 뒤 어느 날 신하들을 불러놓고 이렇게 말했다.

"여러분은 내가 훌륭한 임금이라고 생각하는지 거짓없이 말하시오. 그러면 그 보답으로 내가 값진 선물을 주겠소."

이렇게 왕은 거듭 말했다.

모든 신하들은 황제 앞에서 온갖 아첨을 다 떨었다. 그러나 오직 한 사람 현자 엘렘은 자기가 말할 차례가 되자

"폐하, 저는 말하지 않는 것이 좋을 것 같습니다. 왜냐하면 진실은 돈이나 선물로 살 수 없기 때문입니다."

그러자 황제가 말했다.

"좋소. 그렇다면 그대에게는 아무 것도 주지 않을 것이니 솔직하게 말해보시오."

"폐하께서도 한 인간에 불과합니다. 즉, 저희들과 마찬가지로 폐하께서도 약점이 있고 실수를 많이 범하고 계십니다. 폐하께서는 지금 궁전을 다시 짓고 전쟁을 자주 일으켜 나랏돈을 많이 낭비하고 계십니다."

이렇게 엘렘은 서슴없이 황제에게 고했다. 임금은 눈을 감고 조용히 듣고 있다가 다시 눈을 뜨고 말했다.

"그밖에 또 나에게 할 말은 없소?"

"또 있습니다. 폐하께서는 지금 백성들이 과도한 세금 때문에 굶주리고 있는 것을 너무도 모르고 계십니다. 그뿐 아니라 폐하께서는 신하를

쓰실 때 능력과 성실함을 보시지 않고 정실에 흘려 아까운 인재를 많이 잃고 계십니다."

이렇게 엘렘은 평소 임금에 대해 품고 있던 불만을 거침없이 다 털어 놓았다.

그런데 이상하게도 황제는 얼굴 표정 하나 변하지 않고 엘렘의 말을 끝가지 조용히 듣고만 있었다.

잠시 동안 장내는 침묵이 흘렀다. 생각에 잠겨 있던 임금은 무슨 결심을 한 듯 자리에서 일어서면서 말했다.

"지금부터 내가 약속한대로 그대들에게 선물을 나누어 주겠소. 단 엘렘 경에게는 아무 것도 줄 수가 없소."

이렇게 말하고 미리 준비해 두었던 보석을 하나씩 나누어 주었다.

다음 날 아침 신하들이 몰려와 황제에게 고하였다.

"폐하, 폐하께서 어제 저희들에게 나누어주신 보석은 모두 가 가짜였습니다. 폐하를 속인 그 보석상인을 마땅히 교수형에 처함심이 옳은 줄로 아옵니다."

이렇게 말하자 황제는

"너희들이 내게 한 말이 모두 가짜인 것처럼 그 보석도 모두 가짜였느니라. 너희들은 내게 모두 거짓말을 하면서 어찌 나한테는 진짜 보석을 바라느냐?"

이렇게 태연하게 말하였다. 그리고 거짓없이 솔직하게 충언을 한 엘렘에게는 수상직이라는 최고의 벼슬을 주었다.

황제의 지도자다운 재치와 유머로 그 나라는 곧 백성을 위한 올바른 정치를 하여 안정을 찾았다.

죄인에게 벼슬을 준 문공

　진(晉)나라 왕 헌공이 죽은 후 아홉 명이나 되는 왕자들 사이에 피비린내 나는 왕의 자리다툼이 계속되다가 이오(夷吾)가 왕위에 올랐는데 그는 오만하고 잔인하여 백성과 중신들의 원성이 높아갔다.

　그뿐 아니라 이복 형인 중이(重耳)가 백성들의 신망을 얻고 있는 것을 시기하여 발제라는 자객을 중이의 집으로 보내 그를 없애려고 하기 때문에 중이는 이웃 나라요 망명하지 않을 수 없었다. 그때 그를 따르는 심복들이 무려 백 명이나 되었다. 그러나 망명길에서 그들의 여비로 써야 할 황금과 비단을 맡고 있던 두수라는 창고지기가 그 보물을 가지고 도망가버려 중이 일행은 알거지가 된 신세로 타국을 전전하였다. 그래서 중이는 "나는 기어코 두수와 발제를 죽여 없앨 것이다."

　이렇게 이를 갈았지만 그때는 어찌할 도리가 없었다.

　그로부터 19년이 흘러가는 동안 중이 일행은 여러 나라로 옮기며 구차한 망명생활을 하면서 고국의 동정을 살폈다.

　본국에서는 그동안 임금으로 있던 이오가 병들어 죽고 회공이 왕위에 오르자 중이를 따라 망명한 신하들의 가족을 무참하게 죽이는 등 폭정이 심하고 민심이 흉흉해졌다.

　중이는 그 틈을 타서 이웃 나라의 도움을 받아 19년 만에 본국으로 쳐들어가 그날로 임금자리에 올라 문공왕이 되었으니 그때 나이가 이미 62세나 되었다.

　문공은 민심을 수습하고 나라를 안정시키기 위해 자신을 따라 망명길에 오르지 않았던 신하들도 모두 품안에 끌어들였으며, 심지어 자기를 죽이려고 두 번이나 자객으로 나섰던 발재와 재물을 훔쳐 도망갔었던 두수까지도 용서하고 목숨을 살려 주었다.

그랬더니 어느 날 발제가 그 은혜를 갚기 위해 자기 발로 문공을 찾아와 모반을 일으키려는 일당들의 음모를 밀고해 그들의 반란을 손쉽게 진압할 수가 있었다.

또 어느날, 이번에는 두수가 나타나 문공에게 말했다.

"죽을 죄를 진 발제와 저를 살려주신 것은 무한한 감사한 일입니다만 그것만으로는 부족하오니 왕께서는 저의 소원을 들어주시면 민심이 모두 상감에게 돌아올 수 있습니다."

"무슨 소원을 들어달라는 것이냐?"

"내일부터 상감께서 외출하실 때마다 저를 수레를 모는 어자로 삼으신다면 백성들은 그것을 보고 '죽을 죄를 진 두수까지도 저렇게 용서하고 어자로 삼았으니 이제는 안심이 된다' 이렇게 생각하고 불안에 떨던 잔당들도 모두 왕의 편으로 돌아오지 않겠습니까?"

이렇게 말하자 문공이 무릎을 치면서

"옳거니, 너의 말이 참으로 옳은 말이다."

하고 즉각 두수를 어자로 삼았고, 다시 창고지기로 승진시켰다.

'발제와 두수를 반드시 죽여버리겠다'고 벼르던 문공이 그들을 모두 살려 줄뿐 아니라 그들의 의견을 흔쾌히 수렴할수 있는 넓은 포용력으로 벼슬을 주는 등 나랏일을 공정하고 사심없이 처리했기 때문에 백성들의 지지를 얻어 진나라는 점점 크게 발전하였으며, 급기야 중원을 호령하는 대국이 되어 춘추 5패(춘추시대의 5대강국)의 하나가 되었다.

이는 오로지 지도자가 반드시 지녀야 할 재치와 아량을 갖춘 결과였다.

학벌이 필요 없는 사회

'어느 학교를 졸업했느냐?'하는 학벌이 필요 없는 사회!

이것을 본보기로 보여 준 사람이 바로 일본의 정치계를 한때 주름잡았던 다나카(田中)수상이다.

그는 초등학교를 졸업한 것이 학력의 전부이면서 정부 최고 관리인 수상에 오르기까지 했다.

언젠가 그가 대장성 장관으로 임명되었을 때의 이야기다.

그 소식을 듣고 많은 사람들이 걱정을 했다. 대장성이라면 도쿄대학을 비롯한 일본의 명문대학을 나온 수재들만의 집단으로서 모두 자신들이 일본을 이끌어가고 있다고 자부하고 있었기 때문이다. 그래서 대장성 직원들은 다나카가 대장성 장관으로 임명된 데 대하여 하나같이 불만을 품고 있었다.

그러나 그런 불만은 다나카가 대장성 직원들 앞에서의 취임인사를 시작한지 불과 1분후에 말끔히 씻어졌다.

"온 세상이 다 알고 있듯이 여러분은 일본의 수재중의 수재들이십니다. 그리고 나는 겨우 초등학교를 마친 정도의 학력 밖에 없을 뿐 아니라 대장성의 일에 대해서는 전혀 문외한입니다. 그러니 대장성의 일은 여러분이 하십시오. 나는 뒤에서 책임만을 지도록 하겠습니다."

이와 같은 지도자다운 재치 있고 유머있는 취임인사 한마디 때문에 고집 세고 자존심이 강한 대장성 직원들의 염려와 불만을 일시에 누그러뜨릴 수가 있었던 것이다.

학생에게 맞은 선생님의 깊은 뜻

'생각하는 백성이라야 산다.', '뜻으로 본 한국 역사'등의 많은 저서로 국민에게 충격을 주었고, '씨알의 소리'등을 창간하여 한결같이 바른 소리를 하기 때문에 왜경들에게 붙잡혀 수감생활까지 하며 모진 고통을 격으신 함석헌 선생님은 젊었을 때 3·1운동에 직접 참여하면서 민족주의적이고 민주적인 기독교정신을 깨우치게 되었다.

교육을 통해 민족의 새로운 길을 펼치고자 일본 유학을 다녀온 모교인 오산학교에 재직하면서 올바른 역사 교육을 하던 때의 일이다.

하루는 동료 직원 중에 중학생들로부터 문제 교사로 지목받는 분이 있어 학생들이 교무실로 쳐들어왔다. 다른교사들은 모두 도망을 갔는데도 오직 선생님만이 고개를 숙인 채 눈을 감고 있었다.

"저 선생의 자리로 보아 문제 교사임에 틀림없다."

학생들은 이렇게 잘못 판단하고 선생님을 마구 때렸다.

그러나 나중에 알고 보니 함 선생님은 아무런 잘못이 없다는 것이 밝혀지자 학생들은 몰려와 용서를 빌면서 말했다.

"선생님은 왜 눈을 감은 채 고개를 숙이고 계셨습니까?"

하고 물었다.

그러자 선생님은 재치와 유머있는 말로 웃으면서 이렇게 말했다.

"내가 만일 눈을 뜨고 매를 맞았다면 내 제자들 가운데 누가 나를 때린 것을 알게 되지 않겠는가? 그렇게 되면 내가 어떻게 강단에 설 수 있고, 나를 때린 제자들도 어떻게 나를 다시 보겠는가?"

왕의 민심을 얻는 방법

전단(田單)이라는 사람은 양왕이 다스리는 나라의 높은 관리였다.

하루는 여러 수행원을 거느리고 강을 건너려던 참에 노인 하나가 추위에 몹시 떨고 있는 것을 보고 자기 겉옷을 벗어 입혀 죽었다.

이 이야기가 양왕에게 전해지자 왕은 전단의 선행을 칭찬하기는커녕 화를 버럭 내면서 "역시 전단은 내 자리를 탈취하려는 야심이 분명하구나."

이렇게 소리쳤다. 주위에 있던 신하들은 놀래어 반문을 했다.

"그게 무슨 말씀이십니까?"

"전단이 그런 식으로 백성들에게 은혜를 베푸는 목적이 무엇이냐? 그 것은 민심을 자기에게로 돌리려는 수작이 아니겠느냐? 그렇다면 내가 언젠가는 전단에게 당할지도 모르니까 내가 먼저 그를 처치하지 않으면 안되겠구나." 양왕은 이렇게 말을 하고서도 속으로 '내가 너무 과격한 말을 한 것이 아닌가?' 하는 자책감이 들어 가까이 앉은 관주라는 신하를 곁으로 불렀다.

"지금 내가 한 말을 듣고 그대는 어떻게 생각하는가?"

"너무 짧은 생각이시라고 여겨집니다."

"짧은 생각이라니, 무슨 뜻인가?"

"예, 전하의 생각이 너무 부족한 생각이라고 여깁니다.."

"그렇다면 그대의 생각을 말해 보라."

"차라리 왕께서는 전단의 선행을 자신의 선행으로 삼으시지요."

"전단의 선행을 나의 선행으로 삼다니, 그건 도 무슨 뜻인가?"

"왕께서는 전단의 선행을 칭찬하여 그 선생을 백성들이 다 알 수 있도록 공표를 하십시오."

"아니, 오히려 전단의 선행을 널리 공표하라고?"

"이렇게 방을 써서 붙이십시오. '내가 백성들의 굶주림을 걱정하고 있을 때 전단이 거두어 먹여주고, 내가 백성들의 추위를 염려 할 때 전단이 자기 겉옷을 벗어 백성들을 입혀 주었다. 어쩌면 내 뜻과 이렇게 똑같은가?' 이렇게 여러곳에 써 붙이면 전단의 선행보다 전하의 선심이 한 단계 앞서 보이게 될 것입니다."

이렇게 말하는 관주의 재치 있는 생각을 듣고 양왕은 전단의 선행을 시기했던 자신이 얼마나 옹졸했던가 부끄러워하지 않을 수 없었다.

양왕은 관주의 충언에 탄복을 하고 전단에게 술과 고기를 보내어 그의 선행을 칭찬하고 백성들에게 널리 전단의 선행을 공포하였다.

그리고 관주의 권고에 다라 전단에게 명하여 추위와 굶주림으로 고생하는 백성들을 돌보게 한 결과 백성들은 모두 "전단이 백성들을 돌보는 것은 모두가 왕의 은혜였구나."

하고 이구동성으로 왕을 칭송해 마지 않았다.

관주의 지혜와 기발한 재치로 전단의 선행보다는 왕의 선행이 더욱 돋보여 백성들의 마음은 모두 왕에게로 쏠리게 되엇다.

조조의 반성

"장군님, 이번 출정은 아무래도 무리라고 생각됩니다."

"그렇습니다. 장군님, 이 엄동설한에 적과 싸우러 멀리 간다는 것은 위험천만한 일입니다."

후한 말엽, 조조는 많은 병력을 이끌고 요동 정벌에 나서기로 결심하고 출정에 앞서 가진 군신회의에서 이렇게 여러 부하들의 반대의견에 부닥치게 되었다.

그러나 조조는 "나의 결심은 누구도 꺾지 못할 것이오. 승리는 이미 우리의 것으로 결정된 것과 다름없는데 무얼 망설이겠나."

하고 자신의 결심을 기어이 밀어붙였다.

그러나 정작 출정을 하고 보니 부하들의 만류가 옳았다는 것을 깨달았다. 살을 에는 듯한 추위 속에서 강행군을 하는 것은 참으로 고난의 연속이었다.

수많은 병사들의 군량미를 보급하는 것도 어렵거니와 혹한에 시달리던 병사들이 동상에 걸려 신음소리는 점점 더 높아만 갔다.

귀중한 군마를 잡아 끼니를 때우기도 하고 적군의 반격도 만만치 않아 사면초가의 어려움이 계속되었다. 그러나 "여기까지 와서 싸움을 멈추는 것은 패배를 자초하는 것이다. 적군이 숨돌릴 사이도 없이 급소를 찔러 협공하여라."

조조의 군사는 수적인 우세와 치밀한 작전계획 하에서 계속 떨어지는 작전명령과 독려로 결국 승리를 거두기는 했지만 참으로 어려운 싸움이었다. 하마터면 돌이킬 수 없는 패전의 구렁으로 빠질 뻔한 무리한 전쟁이었음을 승승장구하던 조조도 뼈저리게 느끼게 한 싸움이었다.

원정을 마치고 개선한 조조는 축하연을 벌인 자리에서 부하 장병들을 둘러보고 큰 소리로 외쳤다.

"이번 원정을 처음부터 반대했던 장병들은 모두 일어서라."

이런 명령이 떨어지자 떠들썩하던 좌중이 갑자기 조용해졌다. 술에 취한 조조가 변덕스럽게 어떤 트집을 잡아 벌을 내리는 것이 아닌가 하고 모두 초조해 하는 눈치였다. 특히 출정하기 전에 군신회의에서 극구 반대했던 여러 부하들은 근심어린 얼굴로 자리에서 일어나 조조의 처분을 기다리고 있었다.

그런데 이게 웬일인가, 조조는 출전을 반대했던 그 신하들 앞으로 다가가 그들의 손을 일일이 잡아 주면서

"내가 자네들의 반대의견을 듣지 않았다가 이번에 모진 고생을 했네. 다행히 운이 좋아서 이기고 돌아왔지만 다음에는 이러한 무리한 출정은 하지 않을 것이네. 그러니 앞으로도 무슨 말이든 거리낌없이 나에게 말해 주게."

이렇게 말하자 반대했던 부하들은 물론이고 모든 장병들은 안도의 한숨과 더불어 조조의 인물됨을 다시 한번 평가하게 되었다.

자기의 잘못을 깨달았을 때 솔직하게 부하들 앞에서 그것을 인정하고, 오히려 부하들에게 주저 없이 충언하기를 부탁하는 조조의 지도자다운 재치와 용기는 과연 명군(名君)이 갖추어야 할 자질이라고 새삼 감탄하게 했던 것이다.

어머니의 깊고 깊은 사랑

어느 소년 하나가 다른 집 아이들처럼 인기 있는 상표의 운동화를 꼭 신고 싶어서 어머니께 매일 졸라댔다.

" 그 운동화를 안 신고 학교에 오는 아이는 나 하나밖에 없어요. 그래서 얼마나 창피나 지 엄마는 짐작도 못 할거예요?"

"네 신발이 아직도 멀쩡한데 뭐가 창피하니?"

어머니는 여전히 거절을 하셨다. 소년은 궁리 끝에 운동화 살 돈을 스스로 마련하기로 하였다. 우선 당장 용돈을 모으기로 하고 다른 것에는 일체 사용하지 않았다. 또한 학용품 산다는 거짓말도 해가며 열심히 모았지만 아직도 5,000원이 나 모자랐다.

어느 날 아침에 소년은 쪽지 글 하나를 어머니에게 건네주고 학교로 갔다. 그 종이에는 이렇게 적혀 있었다.

'엄마가 나에게 빚진 돈 – 심부름 한 값 2,000원, 쓰레기 버린 값 1,000원, 신발장 정리한 값 1,000원, 집안 청소한 값 1,000원, 합계 5,000원을 내일까지 꼭 주세요.'

소년은 학교에서 돌아오자마자 어머니의 눈치부터 살폈다.

그런데 뜻밖에도 어머니의 표정은 평소와 조금도 다름없었다.

'엄마가 아직 쪽지 글을 안 읽어보셨나?'

소년은 자기 방에 들어갔지만 궁금해서 견딜 수가 없었다.

저녁을 먹을 때에도 어머니는 '청구서'에 대해서 일체 말씀이 없으셨다. 만약에 그것을 어머니가 읽으셨다면 틀림없이 아버지에게 말했을 텐데 아버지 역시 여느 때와 다름없는 표정이었다.

소년은 점점 더 마음이 불안해졌다. 마치 태풍을 앞둔 고요 같기만 해서 밥도 먹는둥 마는둥 하고 식탁에서 일어섰다.

바로 그때였다. 어머니는 아들에게 "여기 네 돈 있다." 하며 봉투 하나를 주셨다.

소년은 금방 얼굴이 환해지며 자기 방으로 뛰어가서 봉투를 열어보았다. 그 안에는 빳빳한 1,000원짜리 다섯 장과 함께 어머니의 편지가 들어 있었다.

"네가 엄마에게 빚진돈 - 아들에게 잠 잘 자라고 자장가를 들려준 값 공짜, 아들이 자라감에 따라서 장난감을 사준값 공짜, 아들이 병이 났을 때 밤잠을 설치면서 간호해준 값 공짜, 아들에게 철 따라 옷 사입혀 주고 세탁해 준 값 공짜, 아들 공부방을 예쁘게 꾸며준 값 공짜, 그리고 아들에게 한번도 끝도 없이 주어온 사랑값 공짜 합계 없음."

소년은 읽어갈수록 가슴이 뭉클해지며 눈물이 핑 돌아서 글씨가 잘 보이지 않았다. 소년은 일어나 설거지 하는 어머니에게로 가서 엄마의 젖은 손에 5,000원을 쥐어드리며 "엄마, 미안해, 그리고 너무너무 감사해요."

라고 말하곤 어머니 가슴에 얼굴을 파묻고 흐느끼기 시작했다. 어머니의 아무말없이 자기 키만큼이나 커진 아들의 등을 토닥거려주었다.

다음 날 아침 소년의 침대 머리맡에 놓인 큼직한 상자 하나! 이름 있는 상표의 그 운동화가 소년이 일어나기를 기다리고 있었다. 소년이 놀라 상자를 열어보니 새 운동화의 고무 냄새가 또 한번 소년의 눈매를 따깝게 자극해 눈시울을 흠뻑 적셔주었다.

소년의 어머니는 학교의 여느 선생님보다도 감화를 크게 주시는 재치 있고 훌륭한 윤리교사였다.

# 마호멧의 타고 난 지도력

우매한 신자들은 위대한 지도자가 나타나면 으레 그가 기적을 나타내 주기를 바란다.

'나는 알리신의 사도다.'
하면서 마호멧이 알라신의 사도임을 자처하고 나와서 여러 사람들에게 포교를 할 때의 일이다.
신도들은 아무래도 마호멧이 의심스러워 그에게 질문을 했다.
"당신이 정말 알라신의 뜻을 받았다면 기적을 보여주시오."
그러자 마호멧은 즉각 앞에 있는 높은 산을 향해 명령을 했다.
"신이여, 신의 부르심으로 명령하노니 저 산은 즉시 이리 오너라."
하고 큰 소리로 외쳤다.
그러나 발이 없는 산이 앞으로 올 리가 없었다. 수많은 신자들이 여기저기에서 수군거리는 소리가 들리기 시작하였다.
이때 마호멧은 "정말 알라신은 위대하도다, 만일 저 산이 이리로 온다면 우리는 모두다 산에 깔려 죽을 것이다. 그래서 알라신은 저산을 한 발자국도 움직이지 못하도록 하셨다. 참으로 알라신을 경배할지어다. 나는 어서 산으로 가서 자비로운 알라신을 기리겠노라."
이렇게 소리치면서 급박한 위기를 면하였다.
한 손에는 코란, 또 한손에는 칼을 쥐고 분열된 아랍 세계를 통합시킨 그의 순발력 있는 재치와 유머, 그리고 대중을 이끄는 그 지도력은 과연 놀라운 것이었다.

# 정직한 죄인

왕이나 대통령은 죄인들의 죄를 용서하여 형벌을 면제시켜 줄 수 있는 사면권을 가지고 있다.

프러시아의 프레드릭 왕이 베를린에 있는 어느 감옥을 방문하였다.

"폐하, 저는 아무런 죄도 없는데 억울하게 갇혀 있습니다."

"폐하, 정말 저는 무죄입니다."

감옥에 갇힌 죄인들은 하나같이 왕이 지나갈 때 무릎을 꿇고 열심히 변명으로써 자신들의 무죄를 주장하였다.

그러나 그 가운데 단 한 사람만은 아무런 변명도 하지 않고 고개를 숙인 채 눈물만 흘리고 있었다.

"너는 어째서 이 감옥에 들어왔느냐?"

"저는 배가 너무 고파 칼을 들고 다른 사람의 돈을 빼앗았습니다."

"그렇다면 너는 정말 죄인이구나."

"그렇습니다. 폐하, 저는 벌을 받아 마땅한 죄인입니다."

이 말은 들은 프레드릭 왕은 뒤따라오는 감옥소장에게

" 고약한 죄인을 즉시 감옥에서 내보내도록 하라. 죄가 없다고 주장하는 사람들이 이 죄인과 함께 갇혀 있으면 물들 염려가 있으니 어서 석방시켜라."

이렇게 명령을 한 프레드릭 왕은 자기는 죄가 없다고 주장하던 다른 죄인들에게는 아무런 말도 하지 않고 사라졌다.

열심히 변명을 하던 죄인들은 더 이상 아무 말도 하지 못했다.

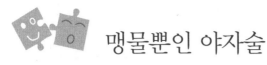

맹물뿐인 야자술

"가난해도 정직한 사람끼리 모여 살면 참으로 좋을텐데."

아프리카 한 마을의 추장은 항상 이런 생각을 하면서 자기가 다스리는 부족민들이 모두 거짓을 모르는 정직한 마음으로 살기를 간곡히 바라고 있었다.

그는 어느 날 자기 부족민들이 얼마나 정직한가를 알아보기 위한 묘안을 생각해 자기 집에서 큰 잔치를 연다고 알린 후 "음식은 전부 추장이 대접할 테니 다만 야자로 담근 술만은 각자가 한 단지씩 들고 와야 한다."

이렇게 자기 부족민의 모든 남들에게 알렸다.

깜베라는 사내도 추장이 초대하는 잔치에 꼭 참석하고 싶었지만 거기에 가지고 갈 야자술이 없어서 고민하고 있었다.

"여보, 술 한 단지만 사오면 되잖아요. 추장님이 베푸는 좋은 자리인데 술 한 단지가 뭐 그렇게 아까워서 그래요."

이렇게 그의 부인이 말하자 깜베는 소리를 질렀다.

"바보 같은 소리 하지마. 공짜로 갈 수 있는 방법이 있을 텐데 무엇 때문에 비싼 술을 사 가지고 가."

그는 이렇게 아내에게 핀잔을 주고 방안을 왔다갔다하면서 궁리를 계속 하다가 마침내 좋은 꾀를 하나 생각해 냈다.

"그래, 술 대신에 물을 한 단지 담아 가면 되겠지. 잔치에는 많은 사람들이 참석할 테니가 그 사람들이 갖다 붓는 술 항아리에 나 하나쯤 맹물을 부었다고 해서 술맛에 큰 변동은 없을 거야."

그는 마치 자기 혼자만이 기막힌 꾀를 생각해 낸 듯이 기뻐하면서 빈

술단지에 물을 가득 담아서 태연한 모습으로 잔치에 참석했다.

잔치를 알리는 북소리를 듣고서 더욱 많은 사람들이 모여 들었다. 추장집 마당에 들어서는 사람마다 자기들이 가져온 술을 커다란 항아리에 붓고 모두들 잔칫상 앞에 앉았다. 자기 양심을 속이고 술 대신 물을 가져온 깜베도 다른 사람들처럼 항라리에 그것을 붓고 음식이 푸짐하게 차려진 잔칫상 앞에 앉았다.

모든 사람들이 다 모이자 추장은 하인들에게 손님들 앞의 술잔에 그 항아리의 술을 가득히 따르라고 시켰다.

추장의 인사말이 끝나자 손님들은 일제히 술잔을 들고 마셨다. 그런데 이게 웬일인가. 손님들이 마신 것은 술이 아닌 아무 맛도 없는 맹물이었기 때문이다.

깜베 뿐만이 아니라 잔치에 참석한 사람들은 모두들 하나같이 '나 하나 쯤이야!'하는 생각으로 모두가 야자술 대신에 맹물을 한 단지씩 가져와 항아리에 부었던 것이다.

"이럴수가?"

부족민들의 마음이 모두 정직하기를 바랬던 추장은 맹물뿐인 술맛을 보고 너무도 실망이 커 아무말도 나오지 않았다.

그는 머리끝까지 치미는 화를 못 이겨 사람들이 보는 앞에서 큰 항아리를 도끼로 깨트려 술이 아닌 맹물로 잔치 마당을 벌창으로 만들어 버렸다. 잔치에 참석했던 수많은 사람들은 음식 하나 먹어보지 못하고 씁쓸히 돌아갈 수밖에 …

교통 벌금 낸 막사이사이 대통령

　승용차 한 대를 정지시킨 경찰은 교통단속에 걸린 기사에게 예를 갖춘 후 이렇게 말했다.

　"당신은 지금 교통규칙을 위반했습니다."

　경찰관의 지시에 따라 길 한쪽에 정차하고 기사는 공손히 대답했다.

　"미안합니다."

　필리핀의 수도 마닐라 시의 한복판 사거리에서 있었던 일이다.

　"죄송합니다만 운전면허증을 보여 주십시오."

　"아차! 옷을 갈아입느라고 깜빡 잊고 면허증을 안 가지고 나왔습니다. 미안합니다."

　기사는 또 한번 이렇게 사과를 했다.

　"차를 운전하시는 분은 언제나 면허증을 가지고 다녀야 한다는 것을 모르셨습니까?"

　"네, 앞으로는 조심하겠습니다."

　경찰은 수첩과 펜을 꺼내면서 다시 기사에게 말했다.

　"그럼, 당신의 이름과 직업을 말씀해 주십시오."

　"이름은 라몬 막사이사이, 직업은 대통령입니다."

　이 말은 들은 교통경찰관은 깜짝 놀라며 부동자세로 말했다.

　"각하! 제가 미처 몰라뵈어 죄송합니다. 하지만 각하께서는 교통규칙을 위반하셨으므로 법에 따라 정해진 벌금을 내셔야 합니다.

　"몰론 그래야 되겠죠."

　재치 있는 대통령은 즉시 웃으면서 고개를 끄떡였다. 경찰관은 재빨리

벌금고지서를 써서 대통령에게 건네고

"각하! 안녕히 가십시오."

하며 다시 한번 힘차게 경례를 하였다.

이렇게 하여 교통규칙을 위반한 막사이사이 대통령은 일반 시민과 똑같이 벌금을 물었다. 이 소식이 신문에 보도 되어 세계에 알려지자 많은 사람들이 감동을 했다.

필리핀의 역대 대통령 중 가장 훌륭한 지도자로서 그 나라 국민은 물론이고 세계 여러나라 사람들이 모두 그를 존경하게 된 원인 중의 하나는 이렇게 법 앞에서는 누구나 평등하다는 것을 스스로 보여준 지도자였다는 점이다.

그가 세상을 떠난 후 그의 업적을 추모하고 기념하는 뜻으로 만든 막사이사이상은 아시아의 노벨상이라고 할 만큼 명예스러운 상으로 알려져 있으며, 우리 나라 사람 중에서도 여러분이 이 상을 받았다.

　○ 여성운동에 앞장섰던 김활란박사

　○ 가나안 농군학교를 세운 김용기 장로

　○ 평생 인술을 베푼 의사 장기려 박사

　○ 겨레를 바른 길로 이끈 사상가 장준하 선생

　○ 평생 아동을 위해 몸 바친 아동문학가 윤석중 선생

　○ 산골에도 마을문고를 보급한 독서운동가 엄대섭 선생

등이 막사이사이상을 받으며, 앞으로도 많은 분들이 받게 될 것이다.

한 나라의 대통령이면서도 말단 경찰의 지시에 순순히 따르며 벌금을 낸 겸손과 재치가 그를 역사상 훌륭한 지도자로 만들었으며 명예스러운 상까지 만들게 한 것이다.

아들에게 절한 정승

조선 초기의 황수신은 유명한 황희 정승의 아들이었다.

그는 젊었을 때 어느 예쁜 기생에 반해 공부는 뒷전이고 기생집에 며칠씩 기거하며 그 생활에 빠져 있었다.

황희 정승은 그러한 아들을 여러 방법으로 타이르고 꾸짖고 하였으나 수신은 그 자리에서만 안그러겠다고 맹세하고는 여전히 그 기생집으로 몰래 달려가곤 하였다.

어느 날 황희 정승은 의관을 갖추고 대문 밖에 나가 아들을 기다리고 있다가 아들이 들어오자 손님을 맞는 듯이 아들에게 공손히 절을 하였다.

"아버지, 어인 일로 이러십니까?"

수신이 깜작 놀라 당황하여 이렇게 묻자 황희 정승은

"내가 너를 자식으로 대하고 아무리 타일러도 듣지 않는 것을 보니 네가 나를 아버지로 여기지 않는 모양이다. 그러니까 너는 내 자식이 아니고 우리 집에 오시는 손님이 아니겠느냐?"

하면서 또 한번 머리 숙여 아들에게 절을 하였다. 수신은 어찌할 바를 모르고 당황하다가 그만 땅에 엎드려

"아버지, 제가 정말 죽을 죄를 지었습니다. 다시는 아버지 말씀을 거역하지 않겠사오니 용서해 주십시오."

하고 눈물을 흘리면서 진심으로 사죄하였다.

그 후로 수신은 기생집에도 안가고 열심히 공부하여 과거시험에도 급제하였으며, 부모님께 극진히 효도하였다.

04
폐부를 찌르는 재치와 유머

'아'다르고 '어'다르다고 하며 말 한마디로 천냥 빚을 갚는다고도 합니다. 하지만 우리는 세상을 살면서 자기밖에 모르는, 오로지 자기를 위해서만 살아가는 사람으로 어느새 변해가고 있음을 발견합니다. 삶의 방식은 모두 다르고 정답도 없습니다. 하지만 자신이 처한 위간 공격으로부터 자신의 자존심을 살려 적절한 유머와 재치로 상대방의 폐부를 찌르면 그 또한 명쾌한 답변이 아닐까 합니다. 더불어 짧은 세 치혀로 지혜롭게 상대방을 배려하는 마음을 취하면 세상을 살아가기가 좀 더 따뜻해지지 않을까요?

설중매의 비수 같은 유머

　고려조를 뒤엎고 '조선'을 건국한 이 태조는 어느 날 여러 공신들과 송도(松都) 장안의 기생들을 한 자리에 모아 놓고 잔치를 베풀었다. 잔치가 한창 무르익어 갈 무렵에 술이 거나하게 취한 정승이 옆에 앉은 설중매라는 유명한 기생에게 희롱을 걸기 시작했다.

　"얘 설중매야, 소문을 듣자니 너는 아침에는 동쪽 집에서 밥을 먹고, 저녁에는 서쪽 집에서 잠을 잔다는데, 그것이 사실이라면 오늘밤에는 정승인 나하고 같이 잠자는 것이 어떻겠느냐? 하하하."

　일등 공신이라는 우월감에 젖어 한껏 거드름을 피워가며 말하자, 좌중의 여러 신하들도 손뼉을 치면서 환호성을 질렀다.

　그러나 이다 설중매는 대감 얼굴을 뚫어지게 노려보다가 말했다.

　"대감님 말씀은 참으로 지당하신 말씀입니다. 소문대로 동쪽 집에서 밥을 먹고 서쪽 집에서 잠을 자는 이 설중매와 어제까지는 고려 왕을 섬기다가 오늘은 이씨 왕을 섬기는 대감이 함께 어울린다면 그거야 말로 천생연분이 아니겠습니까?"

　하고 서슴없이 대꾸하였다.

　설중매의 이 한마디에 대감은 물론이고 좌중의 여러 벼슬아치들도 모두 할 말을 잃었다. 그뿐 아니라 '충신은 두 임금을 섬기지 않는다.'고 끝까지 저항을 하다가 죽음을 당한 정몽주나 최영 장군 같은 충신들에 대한 부끄러움을 다시 한번 느끼게 해 준 설중매의 비수 같이 날카로운 유머는 참으로 기상천외의 멋진 응답이었다.

임금을 깨우친 세치혀

술을 좋아하는 제(齊)나라 임금인 경공(景公)은 너무 술에 취해 사흘이 지나도록 못깨어나는 때도 종종 있었다.

하루는 조정의 업무도 산더미 같고 외국 손님까지 와서 기다리고 있는데, 임금은 또 일곱 낮밤을 계속 술만 마시고 있자 현장(弦章)이라는 충신이 참다못해 목숨을 걸고 경공에게 간하였다.

"상감께서는 나랏일을 돌보시지 않고 일곱 낮밤을 계속 술만 드시고 계신데, 이제는 제발 술을 끊으십시오. 만일 정히 술을 끊지 못하신다면 차라리 저의 목을 베어주시옵소서."

이렇게 말하자 경공은 취중에도 그 말을 알아듣고 비꼬아서

"응, 경의 머리를 나의 술잔으로 바치겠다고? 그거 참 좋지, 어서 이리 가까이 와, 경의 머리를 술잔으로 해서 마실테네, 끄으윽."

하고 트름을 하면서 현장의 머리에다가 술을 부어버렸다.

현장이 눈물을 삼키며 그 자리에서 물러나온 뒤에 자상인 안자(晏子)가 임금을 뵈러 들어가보니 임금의 꼴은 말이 아니엇다. 안자는 말없이 한숨만 쉬고 물러나오려는 참에 경공이 먼저 말을 걸었다.

"이 일을 어쩌면 좋겠소? 재상의 의견을 들어봅시다."

"무슨 일이신데 그러십니까?"

"조금 전에 현장이라는 신하가 나보고 술을 끊지 않으면 자기 목을 치라고 하였소. 만일 내가 술을 끊으면 신하에게 굴복하는 것이 되고 술을 끊지 않으면 현장의 목을 쳐야 하니 너무 아깝지 않소?"

이 말을 들은 안자는 '임금이 취중에도 어떻게 저런 생각을 할 수 있

나?'하고 신기하게 여기면서 한동안 경공을 보다가 입을 열었다.

"다행입니다. 참으로 다행입니다."

"아니, 뭐가 다행이라는 거요?"

왕은 술잔을 상 위에 잠시 내려놓으면서 안자를 쳐다본다. 벌겋게 충혈된 왕의 눈에는 누런 눈꼽까지 끼어 있었다.

"현장이 상감의 신하로 있어 다행이라는 말씀입니다."

"그게 무슨 뜻이오?"

"만일에 현장이 걸왕(桀王)이나 주왕(紂王)앞에서 그렇게 간했다면 현장은 그 자리에서 목숨을 잃었을 것인데, 상감님 앞 이었으니까 살아서 물러나갈 수 있었으니 참으로 다행이 라는 말씀입니다.

안자의 말뜻을 되새기는 듯 눈을 잠시 감았던 경공왕은 갑자기

"에이! 이 몹쓸 놈의 술, 이젠 정말 끊어야지."

하면서 술이 가득 찬 술잔을 멀리 집어던져 버렸다.

세 치의 혀로 만든 안자의 재치 있는 말은 마침내 주독에 빠진 왕의 폐부를 찔러 술을 끊게 하였고, 충신인 현장은 목숨도 구해 주었다.

이상재 선생의 뼈대있는 유머

독립운동을 하다가 여러 번 투옥되었던 월남 이상재 선생은 통감부시대에 어느 좌석에서 매국노 이완용과 송병준 등 이 함께 있는 것을 발견하고는 비위가 몹시 뒤틀려 그들에게 쏘아붙였다.

"대감들도 어서 동경으로 이사가시오."

이말에 이완용과 송병준은 무슨 뜻인지 몰라서

"영감, 갑자기 그게 무슨 말씀이오?"

하고 반문하자 이상재 선생은

"대감들은 나라 망치는데에는 천재적인 재주를 갖고 있지않소? 그러니까 대감들이 동경으로 이사가면 일본도 망할게 아니겠소."

이같은 날카로운 유머에 두 사람은 아무 말도 못하고 머리를 숙였다.

선생이 기독교계를 대표하여 일본 동경에 갔을 때이다. 그날 병기창을 시찰한 후 저녁 환영회 석상에서 일본인들에게 이렇게 말했다.

"오늘 동양에서 제일 크다는 병기창을 보았더니, 무수한 대포며 갖가지 총기가 있어 과연 일본이 세계의 강국임을 느낄 수가 있었소. 그런데 성서에 이르기를 '칼로 일어선 자는 칼로써 망한다'고 하였으니 그것이 다만 걱정일 뿐이오."

폐부를 찌르는 이같은 이상재 선생의 날카로운 재치와 유머는 적중하여 1945년 8월 15일 마침내 일본은 패전하고 연합국에 항복하였다.

정수동의 가시 돋친 말

　어렸을 때부터 신동이라고 알려졌던 정수동(鄭壽銅)은 벼슬자리에 오르진 못했지만 양반들과 가깝게 접촉하면서도 벼슬 높은 양반들이 토색질과 착취를 일삼는 것을 보고 몹시 분괴하였다.

　어느 날 정승 벼슬에 있는 조 대감 댁에 들렀을 때, 한 시골 부자가 뇌물로 10만냥을 보내왔는데, 청렴결백한 줄로만 알고 있던 조 정승이 그 돈을 냉큼 받아 챙기는 것을 보고 정수동은 매우 실망하였다.

　그일이 있은 지 며칠 후 정수동은 또 조 대감 집에 들렀는데, 마침 그때 행랑어멈이 어린 아이 등을 주먹으로 치면서 울부짖었다.

　"아니, 얘가 어쨌기에 이르는 겐가?"

　"나으리, 얘가 엽전 한 푼을 입에 넣고 놀다가 그만 삼켜 버렸습니다. 얘가 죽지 않을까요? 나으리."

　행랑어멈은 평소에 존경하던 정수동의 옷소매를 잡고 애원했다. 그런데 이때 정수동은 행랑방에서 그다지 멀지 않은 조 대감 방에까지 들리도록 일부러 큰 소리로 또 물었다.

　"그 엽전은 누구의 돈이었는가?"

　"아 그야, 제 돈이었지요."

　"그렇다면 염려말라구. 남의 돈 10만 냥을 꿀꺽 삼키고도 아무 탈없는 대감도 있는데… 아, 제 돈 한품 삼킨 것쯤이야 어떨라구."

　정수동의 칼날 같은 목소리가 대감의 방에까지 똑똑히 들려왔으니 대감의 안색이 새파랗게 변할 수밖에!

위버 교수의 명쾌한 답변

미국 콜롬비아대학의 위버교수 집으로 한 학생이 찾아왔다.

"자네가 어떻게 나를 찾아왔나?"

"혹시 교수님께서 이 책을 읽으셨는지 궁금해서요."

학생으로부터 책을 받아 잠시 살펴보던 위버 교수는 말했다.

"아직 읽지 못한 책이구먼."

그랬더니 학생은 짐짓 놀라는 표정으로 또 말했다.

"교수님, 이 책이 나온지 벌써 3개월이나 지났는데 누구보다도 책을 많이 읽는 분이라고 소문난 교수님께서 이 베스트 셀러를 아직 읽지 않으셨다니 참으로 이상하군요."

그제야 학생의 의도를 알아 챈 위버 교수는 입을 열었다.

"학생의 말이 옳을지도 모르겠군. 그렇다면 학생은 단테의 '신곡'이라는 책도 물론 읽었겠지?"

"아직 못 읽었습니다."

머리를 긁적이는 학생에게 위버 교수는 다음과 같이 일러 주었다.

"나는 나온지 3개월 밖에 안 된 이 책을 못읽었다고 학생에게 핀잔을 받았지만 학생은 나온지 이미 600년이나 된 단테의 명작'신곡'을 아직도 읽지 않았다면 더 큰 핀잔을 받아야 하겠구먼. 시대에 뒤떨어지지 않기 위해 새로 나온 책을 읽는 것도 물론 중요하지만 고전에 실린 진리를 탐독하는 것도 매우 중요한 독서의 태도라네."

"선생님, 참으로 죄송합니다."

위버 교수의 재치로 학생은 자기의 짓궂은 행동을 크게 뉘우쳤다.

철학자 디오게네스의 타구(唾具)

어느 날 그리스의 부자가 디오게네스를 자기 집으로 초정 하였다.

그 부자는 빚놀이로 벼락부자가 된 사라인데, 호화스러운 자기 집을 거지 철학자로 이름 난 디오게네스에게 한번 보이고 싶어서 초청한 것이었다.

부자는 주체할 수 없을 정도의 많은 돈으로 엄청나게 집치장을 했기 때문에 집은 온통 값비싼 외국산 대리석과 보석으로 번쩍거렸다.

"이것이 옥으로 만든 화분이고, 저것은 중국산 비취옥으로 만든 ……"

이렇게 벼락부자는 입에 침이 마르도록 집 자랑을 한없이 늘어놓고 나서 식탁에 디오게네스와 마주앉았다.

그런데 이게 웬일인가? 갑자기 디오게네스는 마주 앉은 벼락부자 얼굴에 침을 '탁'뱉고 일어서는 것이 아닌가.

그의 어이없는 행동에 부자는 어안이 벙벙해져 자기 얼굴에 묻은 침도 닦을 생각조차 못하고 있는데, 디오게네스는 "당신의 집과 정원은 참으로 훌륭하게 치장을 잘 해놓았소. 너무나 값지고 깨끗하게 꾸몄기 때문에 침을 뱉을 곳이란 아무데도 없는 거 같소. 다만 교만과 욕심으로 가득 차 쓰레기통과 다를 바 없는 당신의 얼굴밖에는 침 뱉을 곳이 없어서 실례를 했으니 양해하시오."

이렇게 한마디 쏘아 부치고 유유히 나가버렸다.

자기 꾀에 넘어간 일본인

일제시대에 함흥 땅에서 독학으로 변호사가 되어 개업을 한 한국인이 있었다. 그는 개업하자마자 큰 인기를 끌었는데, 그것을 몹시 시기하고 질투하는 일본인이 있었다. 그 일본인은 이웃에 살면서 가게를 운영하고 있었는데 늘 "어떻게 하면 저 변호사를 골탕 먹을 수 있을가?"

이런 궁리를 하던 참에 변호사의 어린 아들이 길에서 공차기를 하다가 일본인 가게의 유리창을 깨버렸다.

'옳지. 이 기회에 저 변호사를 난처하게 만들어 보자.'

일본인은 즉시 변호사 사무실로 갔다.

"무슨 일로 오셨습니까?"

" 법률에 관해 한 가지 물어볼 일이 있어서……"

일본인은 처음부터 댁의 아들이 유리창을 깼다고 말하면 워낙 재치가 있는 변호사라 다른 핑계를 대며 책임을 회피할 지도 모른다는 생각에, 슬쩍 이렇게 돌려서 찾아온 이유를 말했다.

"어떤 경우의 법률에 관한 것입니까?"

"만일에 어린아이가 길에서 놀다가 남의 집 유리창을 깼다면 그것은 누가 변상해야 합니까?"

"그야 어린아이는 미성년이라 재산권이 없기 때무에 당연히 그 부모가 변상해야지요?"

"그것이 틀림없습니까?"

"그야 물론이지요."

이렇게 단단히 다짐을 받고 나서야 일본인은 마음 속으로 기뻐하면서

폐부를 찌르는 재치와 유머 | **153**

"사실은 댁의 아이가 조금 전에 우리 집 가게 유리 한 장을 깨고 말았습니다."

"네. 그랬습니까? 미안하게 됐군요. 얼마를 물어드릴까요?"

변호사가 선뜻 지갑을 꺼내자 일본인들 좀 싱거운 생각이 들었다.

'딴소리를 하면 골탕을 먹여 한번 혼줄을 내주려고 했는데… 겨우 유리 값만 받고 물러가다니 ……'

"1원 20전이면 되겠습니다."

일본인은 할 수 없이 유리 한 장 값만 받아 가지고 나가려고 하였다.

그때 변호사는 그를 불러 세웠다.

"나는 법률에 관한 상담에 응하고 그 수수료를 받는 직업입니다. "

"아니, 무슨 말씀이예요?"

"아까 당신이 어린아이가 잘못했을 때 누가 변상하느냐고 법률에 관한 상담을 청하지 않았습니까?"

"그래서요?"

"그 법률 상담 수수료는 당연히 내고 가셔야지요."

"그것이 얼마인데요?"

"뭐, 이웃간에 많이 받을 수야 없지요. 1백 20원만 내시지요."

혹을 떼러 갔다가 오히려 혹을 붙이게 된 일본인은 그만 유리 값의 열 갑절이나 되는 수수료를 물어주고 그날로 부랴부랴 점포를 팔아 다른 곳으로 이사가고 말았다.

링컨의 '내 아버지' 자랑

미국의 상원의원들은 대부분 명문 귀족의 출신이었다. 그런데 그들이 16대 대통령으로 당선된 아브라함 링컨의 아버지가 귀족도 아니고 명문가의 후손도 아닌 겨우 신발 만드는 직공이었다는 것을 알았을 때에는 커다란 충격을 받았다 한다. 명문가의 아들인 자기들의 신발 제조공의 아들 밑에서 일을 한다는 것 자체가 자존심 깎이는 일이라고 불쾌하게 생각되었기 때문이다.

하루는 링컨이 상원의원들을 상대로 연설을 하기 우해 단상에 오르는 순간 거만하게 보이는 의원 하나가 일어서서 링컨을 향해 말했다.

"당신은 대통령으로 당선되었지만 신발 제조공의 아들이라는 것을 절대 잊지 마시오. 당신의 아버지는 우리 가족의 신발을 만들기 위해 가끔 우리 집에 왔었소. 내가 지금 신고 있는 이 신발도 당신의 아버지가 만든 것이오."

이렇게 말하자 여기저기서 킥킥거리며 웃음이 새어나왔다. 링컨은 잠시동안 조용히 서 있었다. 그의 눈에는 어느내 눈물이 가득 고였다. 모욕을 당한 부끄러움의 눈물이 아니라 고마움의 눈물이었다.

"고맙습니다. 의원님! 의원님 덕분에 한동안 잊고 있었던 내 아버지의 얼굴이 떠올라 지금 나는 오래간만에 내 아버지에 대한 고마움을 느끼어 감사의 눈물이 두 눈에 가득히 고였습니다.

그렇습니다. 저 의원님 말씀대로 내 아버지는 신발을 만든 직공이었습니다. 그뿐 아니라 신발 만드는 데에는 완벽한 솜씨를 가지신 분이었습니다. 그래서 나는 내 아버지의 직업에 대한 수치심은 한번도 가져본 일이 없을 뿐 아니라 오히려 자랑스럽고 존경했습니다.

다만 있는 힘을 다해 아버지의 위대하심을 따르려고 노력했을 뿐이었습니다. 나의 아버지는 많은 귀족들의 신발을 만드셨습니다. 여기 이 자리에 모이신 분들 가운데는 내 아버지께서 만드신 신발을 신으신 분들도 계실 것입니다. 만일 신발이 불편하시다면 저에게 말씀하십시오. 저도 아버지의 기술을 옆에서 보고 배웠기 때문에 조금은 손 봐 드릴수 있습니다.

나는 내 아버지의 아들입니다. 물론 저의 솜씨는 돌아가신 내 아버지와 비교할 수 없습니다만 최선을 다해 고쳐드리겠습니다. 저는 영원히 내 아버지를 존경합니다.

내 아버지에 대한 자랑을 이렇게 여러분 앞에서 할 수 있는 기회를 갖게 해 주신 의원님께 다시 한번 감사드립니다."

이렇게 한참 동안 진지한 태도와 정성어린 어조로 이야기를 하던 링컨 대통령은 비로서 손수건을 꺼내어 두 눈에 고였던 눈물을 닦아냈다.

의회장 안은 고요한 침묵이 흘렀다. 대부분의 의원들은 고개를 숙이고 있었고, 방청석에서는 흐느끼며 우는 사람도 있었다. 과연 그 아버지의 그 아들이엇다.

직업에는 귀천이 없다고 하지만 명문을 따지는 귀족의식이 극도로 팽배하던 그 시대에 특히 그 점에서는 누구보다 자존심이 강하던 상류계급 인사들 앞에서 '내 아버지, 내아버지'하고 구두 제조공이었던 아버지를 그토록 당당하게 자랑하는 링컨의 용기와 재치는 상원의원들의 폐부를 찔러 크나큰 감동과 충격을 주었던 것이다.

미국 역사상 가장 위대한 정치가로 링컨을 꼽는 이유가 바로 평민의식과 함께 이러한 놀라운 재치와 용기 때문이었다.

철학자가 되고 싶은 왕

그리스의 거지 철학자 디오게네스는 정직한 사람을 찾는다고 대낮에 초롱불을 켜 들고 거리를 헤매는 등 때때로 이상한 행동을 하여 세상 사람들을 놀라게 하였다.

그는 또 드럼통 만한 나무통 하나를 유일한 자기 집으로 삼아 이리저리 굴려 마음대로 이사 다니면서 그 속에서 먹고 자는 것에 만족하고, 오히려 큰 집을 짓고 자랑하는 사람들을 비웃었다.

어느 날 알렉산더 대왕이 그 지방에 왔을 때 주요 인사들이 모두 그를 환영하기 위해 찾아갔으나 디오게네스만은 가지않았다. 오히려 대왕이 그를 만나보려고 찾아왔다.

그때 나무통 앞에 앉아 있는 디오게네스에게 대왕이

"나는 그대의 현명한 지혜를 많이 듣고 배우고 있소. 그대를 위해서 내가 뭔가 도와 줄 수 있는 일은 없겠소?"

하고 물었다. 그러자 디오게네스는

"제가 대왕께 바라는 것이 하나 있기는 있소만……"

"나는 지금 따뜻한 햇볕이 필요하니까 대왕께서는 햇볕을 가리지 말고 조금만 옆으로 비켜 주시지 않겠소?"

이것이 디오게네스의 유일한 요구였다.

이러한 디오게네스의 재치와 유머에 탄복한 대왕은 그만 할 말을 잃고 돌아가면서 신하들에게 말했다.

"내가 알렉산더가 아니였다면 나는 디오게네스가 되고 싶다."

아버지의 용기

 집이 가난한 스페인의 한 소년은 상급학교 진학을 포기하고 어느 백화점 양복 코너에 점원으로 취직하였다.

 그는 매우 성실하게 일했으며 손님에게도 항상 친절하였다. 하루는 양복을 고르던 신사 한분이 마음에 드는 양복을 골라 포장해 달라고 했다. 소년은 손님이 고른 양복을 정성껏 포장하다가 그 옷에 조그마한 흠이 있는 것을 발견하였다.

 "손님, 이 옷은 흠이 있습니다. 다른 것을 고르시지요."

 손님을 속일 수 없었던 소년은 친절하게 권해 주었다.

 그런데 하필 손님이 사고 싶어하는 색상은 그것 한 벌뿐이었다. 손님은 다음에 다시 오겠다며 그냥 돌아갔다. 그러자 옆에서 지켜보던 주인이 몹시 화를 내며 소년을 꾸짖었다.

 "가만히 있었으면 양복 한 벌을 쉽게 팔 수 있었는데, 너 때문에 손해를 보지 않았느냐? 당장 그만두어라."

 하고 해고 시켰다. 집에 돌아온 소년은 가족들이 걱정하는 모습을 떠올렸지만 아버지께 사실대로 말씀드렸다.

 "아버지, 죄송합니다."

 "아니다. 오히려 너의 양심과 용기를 칭찬하고 싶다."

 하시며 아버지는 아들을 데리고 백화점으로 가서 주인에게 말했습니다.

 "사장님, 감사합니다. 저는 사장님 같은 사람 곁에 저의 자식을 더 이상 둘 수 없습니다. 이 아이 마음에 때가 끼기 전에 빨리 그만두게 해주셔서 오히려 고맙습니다."

 이러한 재치 있는 아버지의 그 아들은 뒷날 큰 사업가로 성공하였다.

음식을 먹은 승복

어느 마을의 부자가 자칭 인격자라며 자랑을 하고 다녔다.

그래서 그는 인근 마을의 유지나 학식이 높은 사람을 불러 음식을 대접하면서 대화하기를 즐겼다.

"정말 그 사람이 인격 높은 사람인지 내가 한번 만나보자."

가까운 절의 스님 한 분이 일부러 남루한 옷을 입고 그 집을 찾아갔다. 그날은 마침 그 부자의 생일이어서 많은 손님들이 와 있었다.

"웬 거지같은 스님 한 분이 찾아와서 주인님을 꼭 뵙겠다고 합니다."

하인이 안으로 들어가 주인에게 고하자, 주인은 얼굴을 찡그리며

"오늘 같이 기쁜 날에 웬 거지가 만나자는 거야. 얼른 쫓아보내."

이렇게 말했다.

스님은 자신을 문전 박대한 그 부잣집을 이번엔 깨끗한 승복을 갈아입고 다시 찾아갔다.

그랬더니 그 부자가 버선발로 뛰어 나오면서

"아니, 고매하신 스님께서 이렇게 저희 집까지 찾아와 주시니 정말 몸둘 바를 모르겠습니다."

하며 스님을 상석에 앉혀 좋은 음식과 술을 대접 하는 것이었다.

그런데 이게 웬일인가? 스님은 음식을 입에 대지도 않고, 새로 갈아입고 온 깨끗한 장삼옷 소매 안에 열심히 집어넣고 있는 것이 아닌가?

주인은 깜짝 놀라면서 이렇게 물었다.

"아니 스님, 왜 음식을 드시지 않고 옷 속에 넣는지요?"

스님은 태연스럽게 음식을 계속 넣으면서 대답했다.

"당신이 좋아하는 손님은 내가 아니라 이 깨끗한 옷이니까 옷에다 음식을 먹여야 하지 않겠소?"

"아니 스님, 그게 무슨 말씀입니까?"

"아까 내가 남루한 옷을 입고 왔을 때는 문전 박대하더니 새 옷으로 갈아입고 오니까 이토록 융숭하게 대접하는 것으로 보아 당신이 찾고 있다는 인격자란 결국 옷으로 평가하는 것이었구먼."

이렇게 한마디를 남기며, 소매 속의 음식을 도로 다 내놓고 나가버렸다.

스님의 재치와 유머로 그때서야 자기 잘못을 뉘우친 부자는 그만 어찌할 바를 몰랐다.

만상은 불여 심상(萬象 不如 心相)이라.

－ 외모가 아무리 잘 나도 마음 바른 것만 못하다. －

'아'다르고 '어'다르다

어느 시장에서 쇠고기를 파는 나이 지긋한 가게 주인이 있었다.

이름은 박영철, 그래서 그 푸줏간 간판에도 '박영철 고깃집'이라고 크게 써 붙여져 있다.

하루는 젊은 사람과 중년 신사 한 분이 우연히 같은 시각에 고기를 사려고 가게 안으로 들어왔다.

젊은이가 먼저 주인을 향해 말했다.

"어이, 나 쇠고기 한 근만 줘."

그러자 주인은 잠자코 고기 한 근을 잘라 저울에 달아서 종이에 싸 가지고 젊은이 앞으로 밀어준 뒤 값을 받았다.

그 다음에 들어온 어떤 중년 신사가

"박씨 어른, 나한테도 쇠고기 한 근만 주시오."

하고 부탁하자 주인은 빙그레 웃으면서

"예, 그렇게 하겠습니다."

하며 먼저와 같이 능숙한 솜씨로 고기를 잘라 저울에 달고 종이에 사서 신사 앞에 정중히 놓았다.

그런데 참으로 이상한 일이다. 똑같은 한 근씩인데 누가 보아도 젊은이의 것보다는 중년 신사의 고기가 거의 곱절이나 될 만큼 많았다.

그것을 금방 짐작한 젊은이는 큰 소리로

"어이, 이거 어떻게 된거야, 내 고기는 저 손님의 절반 밖에 안되잖아?"

하고 외치며 곧 주인을 때릴 것처럼 대들었다.

"아 그거야 당연한 일이 아닙니까? 사람이 다르니까."

박씨는 이렇게 태연하게 대답했다.

"아니, 사람이 다르다니, 그럼 손님에 다라 고기 분량도 달라진다는 거야? 겨우 쇠고기나 팔아먹는 백정주제에 사람 얼굴까지 차별하는 구먼 허허 참, 사람 웃기네."

"손님이 다르다는 것이 아니고 고기를 판 사람이 다르다는 거죠."

"고기를 판 사람이 다르다니 그게 무슨 소리야? 자기가 혼자서 다 팔고 무슨 사람."

"젊은이에게 고기를 판 사람은 '어이'라는 사람이었고, 저손님에게 고기를 판 사람은 '박씨 어른'이라는 분이었으니 당연히 고기의 분량도 다를 수밖에 없지요."

푸줏간 주인은 어디까지나 공손한 말씨로 차근차근 말해 주었다. 젊은이는 그제야 자기 잘못을 깨닫고 더 이상 아무말도 못한 채 나가버렸다.

폐부를 찌를 듯한 박씨 주인의 재치와 유머에 젊은 사람은 비로소 '아'다르고 '어'다르다는 것을 깨달은 것이다.

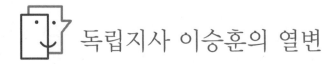

독립지사 이승훈의 열변

이승훈은 3·1운동 때 33인 민족 대표의 한 사람이며, 도산 안창호의 감화를 받아 오산에 중학교를 세워 민족교육에 공헌한 독립지사였다.

그가 젊어서 작은 공장을 하나 차렸을 때의 이야기이다.

하루는 사업자금을 빌리려고 박순일이라는 사람을 보증인으로 데리고 당시 유명한 재산가인 오삭주를 찾아갔다.

그때 오삭주는 사랑방에 모인 여러 사람들에게 자랑삼아 큰소리로 이렇게 말했다.

"금년에 나는 조부모님 산소에 여러 가지 석물을 세우느라고 한 해를 다 보냈소. 돈도 돈이지만 그 일이 여간 큰 일이 아니더라구."

이 말에 손님들은 그의 비위를 맞추느라고 한마디씩 했다.

"어르신께서는 조상님께 할 일을 다 하셨구먼요."

"어르신이니까 그런 큰 일을 하셨지요."

그러나 이때 제일 뒷자리에 앉아 있던 이승훈이 오삭주의 얼굴을 쳐다보면서 물었다.

"그 일을 하시는데 얼마나 많은 돈을 쓰셨습니까?"

오삭주는 한껏 거드름을 피면서 이렇게 대답했다.

"아마 대충 어림잡아도 만 오천 냥은 들었지."

손님들은 깜짝 놀라며 이구동성으로

"아유! 그렇게 많은 돈을?"

하면서 입을 다물지 못했다.

이때 이승훈은 다시 입을 열었다.

"어르신께서는 조상님의 산소에 그렇게 많은 돈을 써가며 석물을 세웠다는 것이 뭐가 그렇게 자랑거리가 됩니까? 젊은 사람이 듣기에 참으로 낯뜨거울 지경입니다.

이렇게 거리낌없이 말하였다.

"아니, 저 젊은이가 누군데 감히 ……."

방 안에 있던 사람들은 모두 깜작 놀랐다. 오삭주는 몹시 불쾌한 기색으로 일어나더니 그만 안으로 들어가 버렸다. 이때 보증인으로 따라온 박순일이 벌컥 소리를 질렀다.

"자네 때문에 일을 다 망쳐버렸네. 아니, 돈을 빌리려고 온 주제에 어쩌자고 기분 나쁜 소릴 해서 화를 돋궜나?"

"돈을 빌리러 왔어도 할 말은 해야지요. 지금 나라를 빼앗겨 백성들이 모두 허덕이고 사는 판에 돌아가신 조상을 위해 그 많은 돈을 산소에 쓰다니요. 그러고서 언제 나라를 찾습니까?"

이승훈이 열변을 토했다. 좌중은 아무 말이 없었지만 속으로는 모두 수긍하는 눈치였다.

그러나 그들에게 당장 아쉬운 것은 돈이었다. 그래서 주인이 노여움을 풀고 나오기를 기다리는데, 사흘 뒤에야 사랑방으로 나온 오삭주는 뜻밖에도 싱글벙글 웃는 얼굴이었다. 오삭주는 이승훈을 보고 말했다.

"내가 사흘동안 가만히 들어앉아 생각해 보니 자네의 말이 백 번 옳은 말이더군, 자네의 그 젊은 기상은 참으로 높이 살만 하네, 그래, 자네는 무슨 일에 돈이 얼마나 필요한가? 나는 자네 같은 사람에게는 보증인이 없어도 얼마든지 돈을 빌려주기로 결심했네."

이렇게 말한 오삭주는 그 후로 젊은 애국자 이승훈을 존경하며 그가 하는 일마다 적극적으로 후원을 아끼지 않았다.

고다이버 부인의 용기

영국의 고다이버 부인은 여주인 레어프리크의 아내였다.

고다이버 부인은 남달리 신앙심이 두터운 아름다운 여성이었는데, 영주인 남편이 가난한 시민들에게 너무 과다한 세금을 부과하자 그 결정을 철회하고 여러 번 간청하였다.

그러나 조금도 그럴 생각이 없던 남편은 농담 삼아 이렇게 말했다.

"절대로 그 결정은 반복할 수 없소. 만일 당신이 대낮에 알몸으로 말을 타고 시내를 한 바퀴 돈다면 몰라도…."

이 말은 부인을 사랑하는 마음에 장난 삼아 웃으면서 한 말이었다.

고다이버 부인은 뭔가 다짐한 듯 고개를 끄떡이더니 시민들에게 자신이 벌거벗은 몸으로 시내를 한 바퀴 돌 테니 창밖을 내다보지 말라고 공표하고는 정말 실오라기 하나 걸치지 않은 몸으로 태연하게 말에 올라 타 시내를 한 바퀴 도는 것이었다.

부인의 이러한 극단적인 행동에 놀란 남편은 시민의 고통을 덜어주려는 부인의 정성이 그토록 뜨겁다는 것을 알고 즉시 세금을 낮추어서 부과하였다.

서슴지 않고 그러한 해괴망측한 행동까지 하면서 남편의 고집을 철회시켜 선정을 베풀게 한 그녀의 숭고한 뜻을 나중에야 알게 된 시민들은 크게 감동하였다.

영국의 코벤트리 시에서는 오늘날에도 그러한 재치 있고 용감한 고다이버 부인의 덕을 기리는 행사를 매년 열고 있다.

남북전쟁의 도화선

"하나님께서 저로 하여금 이 책을 쓰게 해주셨습니다."

이 말은 노예해방운동의 불씨를 던져 준 책 「엉클 톰의 오두막」을 쓴 스토우 부인이 한 말이다.

'나의 조국이라구요? 윌슨씨, 당신에게는 조국이 있어도 나나 나 같은 노예의 어머니에게서 태어난 사람들에게 무슨 조국이 있습니까? 그건 우리가 그렇게 만든 것이 아닙니다. 우리가 그것을 찬성한 것도 아닙니다. 우리들은 아무런 관계가 없습니다. 그건 단지 우리들을 학대하며 언제까지나 노예상태로 두려고 하는 당신과 같은 백인들 때문입니다.'

이것은 그 책에 쓰인 흑인 노예들의 절규의 소리 한 토막이다.

스토우 부인은 당시 노예를 인정하지 않는 오하이오에 살고 있으면서 이웃 켄터키에서 생명을 걸고 도망쳐 오는 노예들의 하소연과 비참한 모습을 보고 노예제도가 비인도적인 범죄라는 메시지가 담긴 책을 보스턴에서 출판해 15만 부라는 당시로서는 엄청난 독자들의 호응을 얻어 센세이션을 일으켰던 것이다. 이 책은 마침내 많은 피를 흘리게 한 남북전쟁의 도화선이 되었으며, 종전 후 링컨 대통령은 스토우 부인을 처음 만난 자리에서

"이 조그마한 부인께서 저토록 큰 전쟁을 일으키신 분이신가요?"

하고 물었다. 그러나 아직도 백인과 흑인과의 갈등은 남아 있어 스토우부인의 이 절규는 계속해서 현대인의 폐부를 찌르고 있다.

"하나님께서 저로 하여금 이 책을 쓰게 해주셨습니다."

라고 …

정승의 부탁을 거절한 원님

"이 사람아, 바른 말을 하는 것도 좋지만 자네 신변을 돌보면서 해야 하지 않겠나?"

"나라의 녹을 먹는 관리가 바른 말 하기를 꺼린다면 앞으로 이 나라가 어찌 되겠는가? 나는 그럴 수 없네. 이런 때일수록 왕에게 바른 말을 해 줄 사람이 꼭 필요한 걸세."

공과 사를 엄격히 구분하여 청백리로 소문난 정봉은 폭정을 일삼는 연산군에게도 바른 말을 섬슴지 않자, 그의 친구 성희안이 걱정을 하면서 이렇게 주고 받은 말이었다.

아니나 다를가, 그처럼 꼿꼿한 그의 태도는 기어이 연산군의 노여움을 샀고 게다가 연산군에게 아첨하는 간신배들의 부추김에 의해 정봉은 귀양을 가게 되었다. 귀양을 가면서도 그는 오로지 가난한 백성들의 생활모습과 혼란스러운 나라를 걱정할 뿐이었다.

얼마 후 중종반정이 성공하여 정봉은 귀양살이에서 벗어났고 반정의 공신으로 정승이 된 친구 성희안의 권유에 따라 그는 청송 마을을 다스리는 원님자리에 앉게 되었다.

그러던 어느날 영의정 성희안으로부터 편지가 왔는데 '청송의 특산물인 잣과 꿀을 좀 보내 달라'는 내용이었다. 이에 정봉은 다음과 같은 재치와 유머가 있는 답장으로써 거절하였다.

'잣은 높은 산에 있고, 꿀은 백성의 벌통 속에 있는데, 관아에 앉아 있는 내가 어떻게 그것을 구할 수 있겠는가?'

정봉의 성품을 잘 아는 성희안 대감은 즉시 그에게 편지를 다시 보내어 자신의 경솔한 행동을 솔직하게 사과하였다.

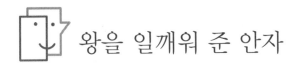

왕을 일깨워 준 안자

제나라의 임금 경공(景公)은 임금이 지녀야 할 덕망이 부족하여 걸핏하면 재상으로 있는 안자(晏子)로부터 핀잔을 받았다.

어느 날 자신이 사랑하던 사냥개가 죽자, 관 짜는 사람에게 명하여 죽은 개를 위해 화려한 관을 짜도록 하고, 제관에게는 풍성한 제사를 지내도록 하는 등 어처구니없는 명령을 내렸다.

이 소식을 들은 안자는 속이 뒤집힐 정도로 화가 머리끝까지 치밀어 그 길로 왕에게 달려가 항의를 했다.

"상감께서는 지금 나라 안의 고아와 노인들이 추위와 굶주림에 죽어가고 있는데 그들은 돌보지 않고 죽은 개를 위해 제사를 지내주다니 이게 말이 됩니까? 지금 이 나라의 백성들은 돌보아 주는 사람이 없어 길거리에 쓰러져 죽어가고 있는데, 임금께서는 그들을 구휼해 주지 않으면서 죽은 개에게 화려한 관을 만들어 주다니 만일 백성들이 이 소문을 들으면 그 누가 임금을 원망하지 않겠습니까?"

하고 거침없이 충언하자 뜨끔해진 경공은 웃으면서

"허허, 뭘 그런 걸 가지고 흥분하시오? 내가 신하들을 한번 웃기기 위해 장난을 좀 해보려는 것인데, 죽은 개에게 제사를 드리는 것도 재미있는 일이 아니겠소? 허허허."

하고 능청을 떨었다. 안자는 어이가 없어 다시 한마디 했다

"백성들이 피땀 흘려 낸 세금으로 신하를 웃기는 데에 쓰다니요?"

이 같은 안자의 뼈대있는 충언에 못 이겨 결국 왕은 그 개를 요리하여 가난한 백성들에게 먹이도록 명령하였다.

위대한 사람의 자리는?

"아니, 이럴 수가. 대통령에게 이런 모욕을 주다니……."

프랑스의 카르노 대통령과 그를 따라온 수행원들은 몹시 불쾌하였다.

어느 날 파리에 사는 한 부자가 나라에서 유명한 사람들을 초청해 연회를 베풀었는데 그 자리에 초대를 받아 간 카르노 대통령과 수행원들이 연회장에 들어서자마자 불쾌하게 여기며 곤혹스러워 했다. 대통령이 앉을 자리가 여느 때와는 다르게 배치되어 있었기 때문이다.

보통 때 같으면 가장 좋은 자리에 대통령이 앉았지만 이번에는 놀랍게도 대통령이 앉아야 할 자리에 철도회사 기사장의 이름이 적혀 있었다. 그리고 두 번째로 좋은 자리는 프랑스의 유명한 문학가의 자리였고, 다음 자리는 어느 대학의 화학 교수의 자리였다.

카르노 대통령은 차례차례 자기가 앉을 자리를 찾아가 보니 겨우 열여섯 번째의 자리였다. 한번도 겪어보지 못한 수모를 당하자 대통령은 얼굴이 화끈거렸으며 수행원들도 몹시 당황스러워 했다.

대통령은 그 자리에 앉기가 더 없이 불편하고 거북스러워 주저주저했다. 한 나라의 대통령이 열 여섯 번째의 자리에 앉다니…, 그래서 대통령은 연회를 베푸는 부자가 몹시 괘씸했지만 다른 참석자들 때문에 억지로 참고 있었다.

그때 한 사람이 부자에게 물었다.

"오늘의 자리 배치가 크게 잘못된 게 아닙니까?"

그러자 부자는 얼굴에 미소를 띄우며 이렇게 대답했다.

"저는 오늘 우리 나라에서 가장 위대한 사람의 순서로 자리를 마련하였습니다."

"아니, 그렇다면 당연히 첫 번째 자리에는 카르노 대통령이 앉으셔야 마땅하지 않습니까?"

손님의 말에 부자는 빙그레 웃으며 설명해 나갔다.

"물론 대통령이 가장 위대하시지요. 그러나 제가 오늘 말하는 위대한 사람이란 누구도 대신할 수 없는 사람을 가장 위대한 사람으로 생각하고 정한 순서입니다.

부자는 여기까지 말하고 카르노 대통령을 향해 고개를 약간 숙이고 다시 말을 계속했다.

"대통령 각하께는 오늘의 자리가 대단히 죄송하고 실례가 되었을 것입니다. 그러나 대통령 자리는 각하께서 물러나더라도 다른 사람이 대신할 수 있는 직위입니다. 그렇지만 저기 앉으신 기사장께서는 우리 프랑스는 물론이고 세계 어디에도 한 사람 밖에 없는 기술자이십니다. 다시 말하면 저 기사장이 그 자리에서 물러나면 그를 대신할 사람이 이 세상에는 아무도 없습니다. 그 다음에 앉으신 문학가나 화학자들께서도 역시 그런 분들입니다.

부자는 다시 한번 대통령을 향해 고개를 숙이고

"대통령 각하, 저의 생각은 단지 그것뿐입니다. 대통령 각하께서 널리 이해하시고 양해해 주십시오."

폐부를 찌르는 듯한 부자의 설명에 카르노 대통령은 비로소 불쾌한 마음이 사그라졌다.

다른 손님들도 모두 부자의 생각을 옳게 받아들인다는 듯이 고개를 끄떡이며, 첫 번째 자리부터 앉은 기사장과 문학가, 과학자들에게 존경의 뜻으로 다시 한번 묵례를 보냈다.

기사장과 학자들도 겸손해 하는 묵례로 화답하여 연회장은 비로소 화합된 분위기가 되었다.

양치질 물의 떡고물

　암행어사 이성모도 박문수 어사처럼 임금의 명을 받고 각 방의 고을을 다니면서 백성들의 억울한 사정을 잘 처리해 준다는 소문이 널리 퍼져 있었다.

　그가 전라도 담양 고을에 출두하였을 때 어느 날 떡장수 한 사람이 아침 일찍 관가에 들어와서 어사 앞에 엎드렸다.

　"너는 어쩐 일로 이렇게 일찍 나를 찾아왔는고?"

　어사는 몹시 난처했으나 떡장수의 딱한 사정을 듣고 어떻게 해서라도 찾아주고 싶은 마음이 들었다.

　이성모 어사는 잠시 생각을 하다가 떡장수에게 물었다.

　"너희 동네 사랑방중 젊은 사람들이 많이 모이는 집이 어디냐?"

　"아무개 양반 집 사랑방에 언제나 모여서 놉니다."

　"그래? 그럼 나하고 빨리 그 사랑방으로 가자."

　하며 어사는 몇 사람의 아전을 데리고 급히 길을 나섰다.

　떡장수는 무슨 영문이지도 모르고 어사를 자기 동네 큰 사랑방으로 안내하였다.

　어사는 그 사랑방 장지문을 열고 들어가자마자 소리쳤다.

　"나는 암행어사다. 네 이놈들, 이 떡장수가 장사를 하면서 노모를 모시고 근근이 살고 있는데, 그걸 훔쳐 먹었으니 할머니는 어떻게 살아갈 것이냐?" 하고 호통을 쳤다. 그러자 십여명의 젊은이들은 펄쩍 뛰면서

　"아유! 어사나리, 그것은 터무니없는 말씀입니다."

　"네, 저희들은 절대로 떡을 훔쳐다 먹은 일이 없습니다."

"우리 말을 못 믿으신다면 저희들 배를 갈라 보십시오."

이렇게 변명하며 단 한 사람도 실토하지 않았다.

그러니 어사는 계획한 대로 하는 수밖에 없었다. 우선 아전들에게 젊은이들의 수만큼 양푼을 준비하고 거기에 물을 가득 담아서 젊은이들 앞에 하나씩 놓으라고 일렀다.

잠시 후에 준비가 다 되자 어사는 젊은이들에게 말했다.

"너희들은 지금 자기 앞에 놓인 양푼에 가득찬 물을 삼키지 말고 도로 양푼에 뱉어야 한다. 만일에 양푼의 물이 도로 가득 차지 않으면 양치질한 물을 삼켜버린 것으로 인정하고 큰 벌을 내릴 것이다."

젊은이들은 무슨 영문인지도 모르고 서로 눈치를 보면서 어사의 분부대로 물로 양치질을 하고 그 물을 양푼에 도로 뱉었다.

그런데 이게 웬일인가. 그 양푼마다 한결같이 개피떡 고물이 둥둥 떠 있지 않은가. 젊은이들의 치아에 끼어 있던 고물이 양칫물에 섞여 나온 것이다.

"네 이놈들, 이래도 떡을 안먹었으니 배를 갈라 보라고?"

어사의 놀라운 재치로 떡장수는 그들로부터 떡값을 고스란히 다 받아낼 수가 있었다.

후루시초프의 망신

1961년 소련 수상 후루시초프는 미국의 젊은 케네디 대통령을 알아보고 회담을 시작하자마자 첫마디에

"젊은 양반, 성경을 읽어 보았소?"

하고 물었다. 케네디는 카톨릭 신자였으므로 성경은 외울 정도로 많이 읽었었다.

"물론 성경은 많이 읽었소."

"그 성경의 구약성서 창세기 가운데에 인류 최초의 조상인 아담과 이브가 있지요?"

"물론 있지요."

"그 아담과 이브가 공산주의자였다는 것을 알고 있소?"

"어째서 그들이 공산주의자인가요?"

"그들은 에덴동산 낙원에서 살고 있었으니까요."

이렇게 허황한 생각을 하고 있는 후루시초프에게 케네디는 통쾌하게 응수해주었다.

"후루시초프 씨, 아담과 이브가 공산주의자라고요? 아! 그래서 그들은 입을 옷이 없어 벌거벗었고, 먹을 것이 없어 겨우 사과로 끼니를 때웠고, 집이 없어 에덴동산에서 살았군요. 옷도 없고 먹을 것도 없고 집도 없는 사회를 공산주의 사회라고 하고 그런 비참한 사회를 낙원이라고 하는가 보군요."

"……."

후루시초프는 아무말도 못하고 말았다.

05
위기를 넘긴 재치와 유머

인생중에는 순간순간 겪거나 반드시 거쳐야만 하는 위급하고 당혹스러운 때가 가끔씩 있습니다. 남이 물론 해결해 줄 수도 있지만 내 삶은 나의것, 내 스스로 문제를 해결 해야만 하는 상황에 처했을 때 우리는 아니 나는 어떻게 대처할가요? 역사속의 유명한 사건이나 인물들을 살펴보면 그들의 재치와 유머가 얼마나 탁월했는가에 대한 놀라움은 금할길이 없습니다. 생과 사의 기로에서, 강연회에서, 식민 치하에서 등 그때그때 발휘되는 그들의 지혜로운 말 한마디에, 행동하나에 도……

가짜 아인슈타인의 재치

상대성 원리로 유명한 아인슈타인 박사는 미국 내의 여러 대학으로부터 강연 초청을 받아 쉬는 날이 거의 없었다. 그때마다 그의 운전기사도 뒷자석에 앉아 박사의 강연을 끝까지 듣곤 하였다.

하루는 시카고대학의 초청을 받아 가는 도중 운전사가 장난 삼아 박사에게 제의를 했다.

"박사님, 전 벌써 30년 이상 박사님의 강연을 들었기 때문에 모두 암송할 수 있을 정도입니다. 박사님은 피로하실 테니 오늘은 박사님 대신 제가 강연을 해보면 어떨가요?"

박사는 잠시 무슨 생각을 하는 듯 골몰하다가 그 제안을 받아들였다. 잠시 차를 세우고 차안에서 박사와 운전사가 겉옷을 바꿔 입었다. 그뿐 아니라 박사가 운전을 하며 운전사는 뒷자리에 앉은 채 학교에 도착했다.

곧바로 강당으로 안내를 받은 가짜 아인슈타인 박사는 무사히 강연을 마치고 열렬한 박수를 받았다. 그런데 이때 문제가 생겼다. 뜻밖에도 그 대학 교수인 듯한 분의 어려운 질문이 나왔기 때문이다.

그때 가짜 아인슈타인보다도 강당 뒷자리에 앉아 있던 진짜 박사가 더 당황한 것은 물론이다. 그러나 운전사의 복장을 하고 있으니 주책없이 나가서 대답할 수는 없잖은가.

이때 단상의 가짜 아인슈타인의 발휘한 놀라운 임기응변술!

"아, 그런 정도의 질문이라면 저의 운전사도 답변할 수 있습니다. 어이 여보게, 자네 올라와서 설명해 드리게나."

가슴을 조리던 진자 아인슈타인 박사는 식은땀을 흘리며 얼른 연단으로 올라가 완벽한 답변을 해 주어 위기를 무사히 넘길수 있었다.

나폴레옹 생도의 기도

사관학교 학생시절 어느 일요일 오후에 나폴레옹은 모처럼 외출허가를 받아 시내에서 한가롭게 거닐고 있었다.

그런데 워낙 술을 좋아하던 그는 어느 주점 앞에 이르자 갑자기 입안에 군침이 돌아 참을 수 없어 주점 안으로 들어가 자리에 앉았지만, 그때 그의 주머니는 무일푼이었다.

"나는 지금 돈이 한 푼도 없는데 이 군도(軍刀)를 맡길 테이니 외상으로 술 한 잔만 마실 수 없겠소?"

그는 이렇게 말하며 허리에 차고 있던 군도를 끌러 주인 앞에 내놓았다. 그러자 주인은 아무 말 없이 그의 요구에 응해주었고, 나폴레옹은 오래 간만에 맛있는 술을 마실 수 있었다.

그런데 이것이 크게 문제가 될 줄은 그도 전혀 예측하지 못했다. 그날의 당직사관이 외출 나간 생도들의 기강을 잡기 위해 사복 차림으로 숨어 다니면서 생도들의 행동을 감시하고 있었다.

그 시간 하필 그 주점 한 구석에 숨어 있다가 마침 나폴레옹이 군도를 풀어 주고 외상술을 마시는 것을 목격하고는 몰래 뒷문으로 빠져나와 마치 큰 고기를 하나 낚은 듯이 쾌재를 부르며 돌아왔다.

그런 줄도 모르고 술기운에 한껏 기분이 좋아진 나폴레옹은 겨우 시간에 맞춰 학교에 돌아왔을 땐 마침 점호시간을 알리는 나팔소리가 들렸다. 그런데 웬일인지 그날의 점호는 유별나게 연병장에서 한다는 것이었으며, 게다가 모든 학생들은 자기 군도를 차고 나오라는 것이었다. 이때 가장 당황한 사람은 나폴레옹이었다. 군인에게 목숨도 같은 군도가 없다는 것은 도저히 용서할 수 없는 일이기 때문이다.

긴박한 상황을 맞은 그는 엉겁결에 복도에 세워 놓은 목검 하나를 뽑아 들고 연병장으로 뛰어 나갈 수밖에 …

황혼이 어슴푸레 깔리는 연병장에 생도들은 모두 당직사관에 앞에 일렬 횡대로 늘어섰다. 반별로 인원 보고가 끝나자 다음에는 사관이 의도한 대로 군도의 검열을 한 사람씩 차례대로 받을 참이었다.

첫 번째 생도부터 뻔쩍이는 군도를 칼집에서 뽑아 검열관 눈앞에 청결상태를 보여주고 있을 때 나폴레옹은 초조해지는 가슴을 진정시키기 위해 숨을 골라야 했다.

진짜 군도가 아닌 목검을 가지고 나온 그가 과연 어떻게 위기를 모면할 것인지?

마침내 운명의 순간이 닥쳐와 나폴레옹 앞에 선 검열관은 날카로운 눈초리로 그의 온몸을 꿰뚫은 듯이 쏘아보고 있었다.

그런데 별안간 나폴레옹의 기상천외한 연극이 시작되었다.

그는 갑자기 검열관 앞에 무릎을 꿇고 두 손을 모아 합장을 하며

"주여! 바라옵건데 전지전능하신 주님의 능력으로 저의 쇠칼을 당장 나무칼로 변화시키는 기적을 보여 주옵소서, 주님의 이름으로 간절히 또 간절히 기도하나이다."

이렇게 큰 소리로 기도하고는 급히 일어서더니 허리에 차고 있던 목검을 자못 절도 있는 행동처럼 힘차게 뽑아 검열관 눈앞으로 치켜 올리면서 보여주는 것이 아닌가.

검열관은 그만 벌어진 입이 다물어지지 않았다.

그는 오늘 밤 점호시간에 오로지 나폴레옹 생도 하나를 적발하여 엄벌에 처하려던 참이었는데 막상 그의 이 기막힌 행동에 놀라 그저 어안이 벙벙해져 어찌할 바를 모르고, 오히려 곧 터져 나올 듯한 폭소를 참느

라 혼쭐이 났다.

　과연 일대 영웅 기질의 놀라운 익살이었으며, 일촉즉발의 아슬아슬한 위기를 무사히 넘기는 나폴레옹 다운 재치였다.

거지행세 한 진평

    중국 한(漢)나라 초기의 공신이었던 진평(陳平)이 처음에는 항우를 따르고 있었으나 등용되지 못하고 오히려 그의 모함을 받아 목숨이 위태롭게 되자 도망을 쳐 한고조 유방에게로 가고 있었다.

    항우의 추격대를 피해 혼자서 힘겨운 도주를 계속하던 그는 양자강을 건너가는 배에 올라타고서야 겨우 한숨을 돌렸다.

    그런데 그에게 또다시 위기가 닥쳐오고 있었으니 자기가 타고 있는 목선의 뱃전에서 가만히 눈치를 보니 분위기가 이상했다. 뱃사공들이 진평의 풍모를 보고 혹시 금은보화를 많이 지닌 도망자로 보았던 것이다.

    "저자는 틀림없이 도망가는 사람 같은데 아무래도 보물을 많이 가지고 있을 것 같구먼."

    "그래 그래, 그렇다면 그냥 보낼 수 없지."

    "저자의 보물을 다 빼앗은 다음 강물에 던져버리자고."

    이렇게 수군대는 소리를 엿들은 진평은 온몸이 오싹해졌다. 그들의 모의로 배가 강 한가운데 가기만 하면 죽고마는 위기의 찰나였다.

    이때 진평은 사공들의 모의를 못들은 척하고 태연하게 갑판 위에 올라앉아 옷을 모두 헐렁 벗으며

    "어우! 왜 이렇게 온몸이 가려워, 이가 많은가?"

    하고 이를 잡는 척 했다.

    가진 것이 아무것도 없다는 것을 자연스럽게 보여준 것이다.

    이것을 본 사공들은 비로소 그가 무일푼이라는 것을 알고

    서로 쓴웃음을 짓고 말았다. 거지를 죽일 이유는 없었기 때문이다.

사형을 면한 예언자

1461년 22년간이나 프랑스의 왕위에 있었던 루이 11세 앞에 어느 날 자칭 예언자라고 하는 사람이 붙잡혀 왔다.

그는 불길한 예언을 마구 지껄여 어리석은 백성들을 미혹시키고 있다는 죄목으로 사형에 처하기로 되어 있었다.

왕 앞에 끌려 온 그 예언자를 루이 왕은 직접 심문하였다.

"그대는 다른 사람들의 운수를 매우 잘 알아 예언을 한다고 하는데, 그게 사실인가?"

"저의 예언은 지금까지 한번도 빗나간 일이 없사옵니다. 폐하."

"그래? 그럼 그대 자신의 운수도 잘 알고 있겠군."

"사실은 제 자신의 운수는 전혀 모르옵니다. 하오나 폐하, 다만 한 가지 제가 죽는 날은 확실히 알고 있사옵니다."

"제 운수는 잘 모르오나 다만 제가 폐하께서 승하하시기 3일 전에 죽는다는 사실을 확실히 알고 있사옵니다."

"뭐, 뭐라고? 지금 뭐라 했느냐, 다시 말해 봐라."

"네, 저는 폐하보다 3일 먼저 죽는다고 말씀 드렸습니다."

루이 11세는 아무 말 없이, 이 예언자를 석방해 주었다. 왕은 오래 살고 싶다는 욕심으로 자신보다 3일 먼저 죽는다는 그 예언자를 차마 죽일 수가 없었던 것이다.

예언자의 재치 있는 이 한마디로 결국 사형을 면하고 자유의 몸이 된 것이다.

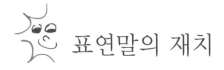

표연말의 재치

기생들을 데리고 한강에서 뱃놀이를 좋아하던 연산군에게 표연말 이라는 충신이 뱃머리를 붙잡고 간곡히 말렸다. 그러나 포악한 연산군은 화를 버럭 내며 사공을 시켜 표연말을 물 속에 빠뜨려 버렸다.

물에 빠져 허우적거리는 신하를 웃으면서 바라보던 연산군은 무슨 생각을 했는지 다시 사공을 시켜 표연말을 건져내게 한 후,

"네 이놈! 물속에는 무엇하러 들어갔다가 왔느냐?"

하고 물었다.

그러자 표연말은 주저하지 않고 대답했다.

"예, 다름이 아니오라, 신이 초나라 회왕의 신하 굴원(屈原)을 만나려고 갔다 왔습니다."

굴원은 초나라 회왕에게 바른 말을 하다가 왕이 듣지 않자 물에 투신하여 죽은 충신의 이름이다. 이 말을 들은 연산군은 표연말이 자기를 어리석고 나쁜 초나라 회왕에 비교한데 대해 더 화가 났다.

"이놈! 네가 굴원을 만난 것이 틀림없는 사실이렸다."

"예, 굴원으로부터 시 한 수까지 얻어 왔나이다."

"그래? 무슨 시냐, 어서 읊어 보아라."

표연말은 주저 없이 즉흥적으로 다음과 같은 시 한수를 읊었다.

빠져 죽었지만 당신은 어진 임금을 만나고도 무슨 일로 물에 빠져 이곳으로 왔느냐? 하는 시를 저에게 주었습니다."

이에 연산군은 자기를 어진 임금으로 추켜세우는 표연말의 재치와 유머에 놀라 화가 풀어지지 않을 수 없었다.

사나운 임금 앞에서 죽음을 면한 신하의 놀라운 재치였다.

양주동 박사의 국보급 재치

자칭 '국보'라고 부르는 양주동 박사는 임기응변술에 있어서도 '국보' 급 수준이었다.

어느 날 모 대학에서 초청강연을 마치고 몇몇 학생들과 담소를 나누고 있을 때였다.

어느 학생이 박사에게 따지듯이 불쑥 질문을 하였다.

"박사님, 박사님의 강의는 잘 들었습니다. 그런데 오늘의 강의 내용은 언젠가 저희 학교에 오셔서 한번 하신 내용과 똑같은 것 같은데요, 안 그러신가요?"

하고 다소 불만스러운 듯이 말했다.

양주동 박사는 워낙 전국 곳곳으로 다니며 초청강연을 많이 하고 있었기 때문에 어디에서 어떤 내용의 강의를 했는지 곧잘 착각을 일으키기도 하는 모양이었다.

그러나 양주동박사는 즉흥적으로 발휘하는 재치와 유머에서도 역시 국보급이었다.

"예끼 이 사람아! 소뼈다귀도 두 세 번씩은 다시 우려먹는 법인데, 이 국보급인 양주동의 명강의를 또 한 번 들었기로서니 ……."

이렇게 쏘아 놓는 위트로 오히려 그 좌석을 삽시간에 웃음바다로 만들고 말았다.

감자 소동

영국의 엘리자베스 1세 여왕의 총애를 받고 있던 롤리가 1584년에 신천지 미국 탐험에 나서 북 캐롤라이나에 상륙, 그 해안을 탐사했다.

그는 거기에서 담배를 처음으로 영국에 들여와 이식 재배 하였고, 감자도 처음으로 들여와 자기 집 정원에 재배하면서 엘리자베스 1세 여왕에게도 헌정했는데, 여왕은 그것을 황실 채소밭에 심게 하였다.

그 감자는 잘 자라 잎이 무성했지만 처음 보는 감자의 요리법은 아무도 몰랐다. 궁중요리사는 다만 먹음직스러운 감자 잎사귀로 샐러드를 만들어 여왕의 식탁에 올려놓았다.

큰 기대를 갖고 입에 넣어 본 여왕은 갑자기

"아니, 이거 독초가 아니냐?"

하고 소리치면서 음식을 모두 뱉어 버렸다.

"내가 그동안 롤리를 특별히 사랑해 주었는데, 도리어 나를 독살하려고 하다니 괘씸한 놈! 롤리를 당장 체포해서 사형에 처하라."

추상같은 명령에 롤리는 체포되어 여왕 앞에 끌려왔다.

"네 이놈! 너의 죄를 솔직하게 아뢰어라."

"소신은 그동안 여왕의 극진한 총애를 받아왔는데 어찌 그 은혜를 배반하겠습니까? 감자는 잎을 먹는 것이 아니고 그 뿌리에 달린 동글동글한 열매를 삶아서 먹는 것입니다. 만일 여왕께서 소신의 말을 못 믿으신다면 제가 여왕 앞에서 먼저 먹어 보겠습니다."

이렇게 롤리는 아슬아슬한 감자 소동에서 사형을 모면할 뿐 아니라 더욱 여왕의 신임을 받게 되었다.

뺨 때리고 얻은 벼슬

허름한 차림의 우암 송시열 대감은 경기도 장단 고을로 가다가 갑자기 소낙비를 만나 주막집에 들어가 있었다.

잠시 후 젊은 무관도 비를 피해 주막으로 들어와 한 방에 무료하게 앉아 있는데 무관이 먼저 말했다.

"영감, 심심한데 장기나 한판 두어 봅시다."

"그렇게 합시다."

정승을 몰라보고 버릇없이 구는 무관이 괘씸하기도 했지만 송 대감은 시치미를 떼고 그의 장기 상대가 되어 주었다.

장기 한 판을 다 두고 나자 무관이 또 먼저 입을 열었다.

"영감은 그래, 어떤 낮은 벼슬이라도 해 보았소?"

"예, 해보았지만 뭐 벼슬이라야 대수롭겠습니까?"

"영감의 성명은 뭐요?"

"예, 저의 성은 송가이고, 이름은 시열이라 합니다."

"어?"

무관의 안색이 금방 새파래졌다. 송 정승을 몰라보고 무례하게 군 죄를 벗어날 수 없기 때문이다. 그러나 이때 그의 재치가 유감없이 발휘되었으니,

그는 벌떡 일어나 대감의 뺨을 철썩 후려갈기고 나서

"이 고얀 영감! 네 어찌 덕망이 높고, 선정을 베풀어 모든 백성들의 존경을 받고 계시는 송시열 대감의 이름을 함부로 지껄이는고?"

하며 문을 박차고 나가 비 속으로 도망가 버렸다.

"참으로 대장부다운 기개다. 큰 일 할 사람이야."

하며, 송 대감은 후일에 그의 신분을 알아내어 평안 병사에 임명해 주었다.

악단을 살린 '이별교향곡'

"교향악단을 해체시킨다는 게 사실인가?"

"참으로 애석한 일이야."

악단이 해체된다는 소문을 듣고 지휘자 하이든은 단장의 마음을 돌리기 위한 곡을 서둘러서 작곡하였는데 그것이 바로 '이별교향곡'이다.

이 곡의 짜임새는 아주 특이하여 슬픈 곡이 연주되어 가는 도중에 악사들이 차례차례 무대에서 사라져 나가는 색다른 곡이다.

이윽고 교향악단이 해체되는 날이 돌아왔다. 형제처럼 지내던 단원들이 모두 뿔뿔이 흩어져야 하는 서글픈 운명의 시간이었다.

하이든은 단장 앞에 교향악단 전원을 앉히고 마지막 인사를 겸한 고별연주회를 가졌는데 이때의 연주곡을 '이별교향곡'으로 정하였다.

처량하고 슬픈 곡이 연주되어 가는 도중 단원들은 악보에 있는 대로 자기가 연주할 부분이 끝나는 즉시 보면대의 불을 끄고 조용히 일어나 한 사람씩 무대에서 사라져 나갔다.

지휘자인 하이든 역시 곡이 거의 끝나갈 무렵 지휘자가 필요 없는 단계에서 지휘봉을 보면대에 걸쳐놓고는 사라져 나갔다.

최후에 남은 콘트라베이스 연주자 한 사람이 끝까지 이별의 슬픈 감정을 가냘픈 선율에 실어 단장의 마음을 흠뻑 적셔주고는 그마저 사라져 무대의 조명이 완전히 꺼지는 참으로 애처로운 정경이었다.

끝가지 침통한 마음으로 감상하던 단장은 가슴이 뭉클해지는 감정을 억제할 수 없어 눈시울을 적시면서 하이드을 불렀다.

"하이든씨, 내가 잘못 생각했었소. 악단은 절대로 해체하지 마시오."

이렇게 하여 마침내 '이별교향곡'은 위기에 처했던 악단의 운명을 다시 살려내는 기적을 낳았으니 단원들의 기쁨은 이루 말할 수 없었다.

　이때 재치 있는 하이든은 즉시 또 한 곡의 교향곡을 서둘러서 작곡했는데, 이 곡은 먼저 번의 곡과는 정반대로 처음에 무대 위에 한 사람이 나타나 밝고 명랑한 가락으로 독주하다가 차례차례 한 사람씩 합류하면서 생기가 되는 화려한 곡이다.

　드디어 지휘자를 포함한 악단 전원이 다 등장했을 때는 마치 찬란한 아침 태양이 떠오르듯 무대 전체가 환한 조명으로 바뀌면서 환희에 찬 우렁찬 합주가 되는 형태의 곡이다.

　말하자면, 슬픈 '이별교향곡'에 이어서 기쁨의 '만남교향곡'이 된 셈이니, 음악의 효능을 십분 살려낸 하이든의 재치가 가득찬 곡이다.

친구를 위기에서 구함

백사 이항복이 어렸을 때 글방에서 처음 사귄 이덕형과 함께 정승자리에 올라 있을 때의 일이다. 이덕형은 늙으신 아버지를 위해 한양에서 멀지 않은 곳에 별장을 지어 시원한 여름을 보내시도록 하여 드렸다.

그런데 이 소문을 들은 다른 벼슬아치들이 시기하고, 앞다투어 모두 별장을 지으려 하자 그것을 걱정하던 이항복은 이덕형의 아버지가 머물러 계신 별장을 찾아갔다.

"오랫동안 뵙지 못하였습니다."

이항복은 친구 아버지께 인사를 하고 별장 구경을 하다가

"재주는 없으나 제가 온 김에 별장 이름이나 써 놓고 가겠습니다.

하고 나무판에 크게 '청청당(淸淸堂)'이라고 써서 걸어 놓고 갔다.

나중에 온 이덕형이 그 이름을 보고 깜짝 놀라

"아버님, 이 별장을 헐어 버려야겠습니다. '청'은 조청처럼 단 것이나 꿀을 뜻하니 '청청당'은 꿀꿀이 집(돼지우리)이라는 뜻입니다."

이덕형은 그날로 아버지를 집으로 모시고 온 즉시 별장을 헐어버렸다.

이항복이 이덕형의 효성을 몰라서도 아니고, 이덕형을 놀려 주려고 한 것도 아니었다. 오로지 정승이 사치한다는 질투와 비판의 화살을 이덕형이 받지 않게 하기 위한 우정과 재치로 이렇게 한 것이다. 과연 그때부터 벼슬아치들은 다투어 별장을 지으려는 욕심이 없어졌다.

원수를 사랑으로 구한 밀러 목사

미국의 밀러는 영국과의 전쟁 때 이름난 목사였다. 그의 교인들은 물론이고 그의 주변 사람들로부터 언제나 존경을 받고 있었다.

그런데 유독 교회 근처에 사는 윌리엄만은 밀러 목사를 몹시 싫어하여 그가 하는 일은 무엇이건 반대하고 괴롭혔다.

그런데 어느 날 윌리엄은 국가를 반역하는 일을 음모하다가 체포되어 재판을 받고 사형에 처하게 되었다.

밀러 목사는 그 소식을 듣고 곧 워싱턴 장군을 찾아가 윌리엄을 살려 달라고 부탁을 했으나 장군은 한마디로 거절했다.

"친구를 구하려는 목사님의 부탁은 들어 줄 수 없습니다."

"친구라고요? 그렇지 않습니다. 윌리엄은 이 세상에서 나를 가장 미워하는 사람입니다."

"친구도 아니고 오히려 가장 미워하는 사람을 구해 달라고요?"

"그것이 하나님의 뜻이니까요."

"그렇다면 목사님의 그 원수를 사랑하는 마음을 생각해서 특별히 용서하겠습니다."

밀러 목사는 워싱턴 장군이 준 사면장을 들고 사형장으로 급히 달려갔다. 하지만 윌리엄은 목사가 뛰어오는 것을 보고 빈정거렸다.

'흥, 내가 죽는 것을 보고 싶어서 저렇게 뛰어오는군'

그러나 밀러 목사가 내미는 사면장을 받아 들고 그는 곧 당에 엎드려 하염없이 속죄의 눈물을 흘렸다.

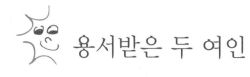# 용서받은 두 여인

"신부(神父)님이 요사이 혼자 사는 과부 집에 자주 드나든대요."

"아니, 신부님이 어쩌면 그럴 수 가 있어요. 음흉스럽게…"

한 신부님이 과부 집에 드나드는 것을 본 두 여인은 이렇게 동네를 돌아다니며 소문을 퍼뜨렸다.

그런데 얼마 후 그 과부가 암으로 세상을 떠나고 말았다.

그제야 사람들은 신부님이 죽음 직전의 그 과부를 위해 기도해 주고 위로하며 돌봐주었다는 사실을 알게 되었다.

며칠 후 헛소문을 퍼트리던 두 여인은 신부님 앞에 나타나 용서를 빌었다.

그러자 신부님은 그들에게 닭털을 한 봉지씩 나누어 주며 "이것을 들판에 나가서 바람에 모두 날려보내고 오시오."

하였다. 두 여인은 신부님 말대로 했다. 신부는 그들에게 "당신들이 지금 바람에 날려 버린 그 닭털을 다시 모아 오시오."

하였다. 두 여인은 울상을 지으면서

"바람에 날아가 버린 닭털을 어떻게 주어옵니까?"

이렇게 원망하는 투로 말하자 신부는

"내가 당신들의 허물을 용서하는 것은 어렵지 않습니다.

그러나 당신들이 동네마다 다니며 내뱉은 나쁜 소문은 바람에 날아간 그 닭털처럼 다시 주어 담을 수 없습니다.

두 여인은 신부님의 재치 있는 교훈과 용서에 감사하며 입조심할 것을 굳게 맹세하였다.

청소부로 가장한 구조

동서고금을 막론하고 혁명에는 언제나 희생자가 생긴다.

프랑스혁명 때에도 예외가 아니어서 엄청난 수의 희생자가 더 생길 것을 프랑스의 귀족 정치가였던 샤를 드라 부쉬에르라는 한 사람의 재치로 무려 34,000여 명의 목숨을 구해 준 일이 있었다. 그의 힘으로 살아난 사람 중에는 후에 프랑스의 황후가 된 제페느도 있었고, 세계에 널리 알려진 영웅의 부인 라파에트도 있었다.

'죄도 없이 죽음을 당하는 사람들을 꼭 구조해야 한다.'

하고 결심한 부쉬에르는 노동자로 가장하여 마침내 혁명재판소가 있는 큰 건물의 청소부 일자리를 얻어냈다.

건물 구석구석을 남보다 더 열심히 청소함으로써 청소감독관의 신임을 얻어냈고, 더구나 교묘한 가장술을 써서 그가 귀족 출신의 정치가 부쉬에르라는 것을 아무도 눈치지 못하게 하였다.

건물 안을 무상 출입할 수 있게 되자 그는 장부가 있는 곳을 알아내 밤에는 재판소 안으로 몰래 들어가 사형대상자들의 이름이 빽빽하게 적힌 장부를 훔쳐내기 시작했다.

집에 가져와서 흔적도 없이 태워버리기도 했고, 가지고 나올 수 없는 날은 물에 담가 잉크가 번져서 글자를 알아보지 못하게 하였다.

그러므로 장부가 없어지거나 이름이 흐려진 사람들은 체포당하는 일도 없이 재판조차도 받지 않고 지나갔다.

이렇게 하여 부쉬에르는 자기 목숨을 건 위험을 무릅쓰고 단두대의 이슬로 사라질 뻔한 엄청나게 많은 인명을 남몰래 구해냈던 것이다.

독약을 마신 사랑의 증표

프랑스의 젊은 귀족 사리냐크는 그 당시 미혼의 여왕 마르그리트를 열렬히 사랑했지만 여왕은 그를 좋아하지 않았다.

사리냐크가 여왕의 그 냉담한 태도를 몹시 원망한다는 소문을 듣고 여왕은 어느 날 사리냐크를 불러서 물어보았다.

"당신이 나를 사랑한다면 무슨 일이라도 할 수 있나여?"

"예, 여왕님을 위해서라면 무슨 일이라도 다 하겠습니다."

"그렇다면 독약이라도 마실 수 있습니까.?"

"예, 여왕님이 지켜보시는 자리라면 언제라도 마시겠습니다."

그러자 여왕은 신하를 불러 귓속말로 무언가를 분부했다.

잠시 후 신하가 약을 가져왔다.

"이것은 괴로워하다가 죽는 독약인데, 이걸 마시겠어요?"

사리냐크는 약이 가짜라고 예측하고 단숨에 마시며

"이것이 저의 철석같이 굳은 사랑의 증표입니다."

하고 태연히 말했다. 그러자 여왕은

"나는 당신이 마신 독약의 약효가 나타날 때 다시 돌아오겠소."

하며, 그 방에서 나가버렸다.

수십 분 후에 사리냐크 앞에 다시 나타난 여왕은 그만 도망칠 수밖에 없었다. 왜냐하면 사리냐크가 자기 손으로 마신 약은 독약이 아닌 설사약이었던 것이다.

사리냐크의 사랑은 결국 짝사랑으로 끝났지만 여왕으로부터 그 용기와 놀라운 재치를 인정받아 후에 대사로 임명되었다.

양주동 박사의 기지(奇智)

양주동 박사가 모 대학 강당에서 역시 초청 강연을 하던 때의 일이다.

중국 고전을 열심히 강의하다가 갑자기 말문이 탁 막혀 버렸다. 이야기 내용 중의 등장인물 이름이 도무지 생각나지 않아 이야기를 더 계속할 수가 없었기 때문이었다.

3초, 5초 침묵의 시간이 흘러갈 대 학생들은 숨도 죽인 채 박사님 얼굴만 쳐다보며 다음 이야기를 고대하는 위급한 찰나였다.

시간은 또 7초,10초, 장내는 쥐 죽은 듯 조용한데, 박사는 그래도 기억이 나지 않아 안절부절 못하다가 마침내 놀라운 기지를 발휘하였다.

"내가 모르는 것을 학생들이 모르는 것은 어디까지나 괜찮아."

이렇게 위기를 넘기자 강단 안은 우레와 같은 박수와 함께 폭소가 터져 나왔다.

펄 벅 여사, 자선의 대가

노벨 문학상을 받은 '대지'의 작가 펄 벅 여사는 선교사의 딸로서 아버지를 따라 중국으로 가 오랫동안 살았었다.

"여보세요, 사람 살려주세요."

어느 날 아침 대문을 두들기는 사람이 있었다. 펄 벅이 문을 열어보니 곧 아기를 낳은 듯이 배가 부른 여인 하나가 누더기 옷을 입은 채 힘없이 문설주에 기대어 서 있었다.

'루'라는 이름의 그 여인은 거듭되는 흉년을 맞아 남편이 집을 나가버리자 임신한 몸으로 먹을 것을 찾아 북쪽에서 먼 길을 여러 날 걸어왔다는 것이다.

펄 벅 여사는 자신도 결혼을 한 몸이고 여러 가족과 함께 살고 있는 처지였지만, 이 딱한 여인을 모른 체 할 수 없어 자기 집 뒤에 있는 노동자 숙소에 싸구려 방 하나를 세내어 그녀에게 묵을 수 있도록 도와주고, 매일 식사를 마련하여 루에게 가져다주었다. 덕분에 여인은 건강을 회복할 수 있었고 며칠 후에는 사내 아이를 순산하였다.

그 후 6개월이 지난 어느 날이었다. 갑자기 기관총 소리가 요란하게 들려오더니 곧이어 대문을 다급하게 두들기는 소리가 났다.

"펄 벅 여사님, 저예요. 어서 문을 여세요."

루 여인의 목소리였다. 펄은 재빨리 뛰어가 문을 열었다. 루 여인은 급히 문안에 들어서더니 곧 문을 닫고 작은 목소리로 말했다.

"공산당 놈들이 왔습니다. 벌써 마을을 장악하고 외국인들부터 찾아 마구 죽인다고 합니다."

이렇게 알려주고 그녀는 급히 나가 버렸다. 이 말에 펄 벅의 집에서 일하던 하인들은 순식간에 모두 도망치고 말았다.

외국인과 알고만 지내도 죽음을 면할 수 없기 때문에 그들은 인사도 없이 쥐들이 숨듯이 사라져 버렸다.

펄 벅 여사는 나이 드신 아버지를 비롯해서 남편과 여동생 내외. 그리고 조카와 자식들을 합해서 일곱 식구가 한 발작도 움직이지 못하고 두려움에 떨고만 있었다. 기관총 소리는 점점 더 가까워지고 있었지만 그들은 어찌할 바를 몰랐다.

그때 갑자기 뒷문이 열리면서 루 부인이 다시 들어왔다.

"나를 따라오세요. 어서!"

그러자 펄 벅여사는 두 손을 저으면서

"외국인을 숨겨주면 당신이 큰일나요."

하고 거절했으나 그녀는 막무가내였다.

펄 벅의 가족들은 뒷문으로 나가 그녀의 뒤를 따라갔다.

루 여인은 어느 틈에 자기 집 헛간에 말먹이 풀 마초를 풀어 쌓아놓고 있었다. 펄 벅의 가족은 그 속에 숨어 숨소리를 죽이고 있었다.

잠시 후 공산군들이 펄 벅 여사의 집에 들어가 샅샅이 뒤지다가 아무도 없자 이미 도망간것으로 알고 다른 곳으로 갔다.

그때부터 루 여인은 허름한 옷을 입은 채 집 안팎을 드나들며 바깥소식을 펄 벅의 가족에게 전해 주고, 또 음식물을 몰래 전해 주면서 최선을 다해 보살펴 주었다.

이틀 뒤에 위급하던 사태가 어느 정도 진정되자 해안 가에 정박해 있던 미국 배에 펄 벅 여사 가족 모두는 무사히 오를 수 있었다.

남루한 옷차림으로 도움을 청하던 임산부를 도와 준 펄 벅 여사의 따뜻한 인정이 가족들 모두의 생명을 구해준 것이다.

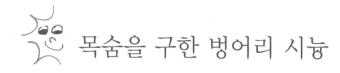

목숨을 구한 벙어리 시늉

독일의 히틀러가 집권하고 있을 때 독일의 경제가 침체되어 중산계급의 욕구불만이 날로 확산되어가자 히틀러는 그불안을 죄 없는 유태인에게 터뜨려 박해와 학살로 증오를 전위(轉位)시켰다.

이런 행동을 증오의 전위투사(轉位投射)라고 하는데, 일본 관동지진 때에 일본인들도 이러한 행동으로써 자기들의 불만을 우리 재일 한국인에게 터뜨려 엄청난 인간 백정의 살인극을 저지른 사건이 있었다.

바로 1923년 도쿄지방에서 일어난 대지진, 그것은 분명히 천재지변의 자연발생적인 재난이었는데도 불구하고 일본의 군국주의자들은 그 불안과 분노를 죄 없는 우리 한국인에게 터뜨려 잔인무도한 대학살을 자행했던 것이다.

침략근성이 강한 그들은 한국을 무력으로 점령하고도 공연히 한국인을 '죠센징'이라고 얕잡아 업신여겨 오다가 큰 지진이 일어나 도쿄 시내 전체가 온통 아수라장으로 변하자 '죠센징들이 방화를 했다'느니 '우물에 독약을 넣었다'는 등의 헛소문을 퍼뜨리면서 자경단이라는 조직을 만들어 한국인을 붙잡는 대로 칼과 곤봉, 죽창 등으로 죽인 것이 무려 6,660명이 넘었다.

이때 일본에서 공부하던 한국 유학생 중 한 사람은 기발한 재치를 발휘하여 죽음직전에서 그 위기를 넘기고 살아 나온 기적적인 일이 있었다.

일본 경찰은 마구잡이로 잡혀 오는 수천명의 사람이 한국사람인가 아닌가를 구별하기 위하여 묘한 방법을 사용했다.

얼굴색과 생김새가 같고 키가 비슷하며 말도 한국인들 대부분이 일본

말을 잘 하고 있으므로 쉽게 분별하기가 어려웠는데, 다만 한 마디 한 국인의 일본어 발음 중에서 사과를 '링고라고 발음할 때 '고'의 발음이 일본인들과 똑같이 않다는 점에 착안하여 붙잡혀 오는 사람마다 책상 위에 놓인 사과 하나를 가리키며 물어봤다.

"고래와 난데스까?"(이것은 무엇입니까?)

"링고데스."(사과입니다)

하고 대답하는 발음을 잘 듣고 발음이 다르면 무조건 끌고 나가 칼로 목을 자르거나 죽창으로 찔러 죽이는 것이었다.

수많은 사람들이 한 줄로 세워져 차례차례 그런 방법으로 죽음을 당하고 있을 때, 극심한 공포에 떨고 있었던 한국 유학생 한 사람도 자기 차례가 다가오자 일본 경찰 앞에서 똑같은 질문을 받았다. 이때 그 학생은 기발한 재치와 유머로 갑자기

"으어으어……."

하고 알 수 없는 소리를 지르며 두 주먹을 입에 대고 사과 씹어먹는 벙어리의 시늉을 열심히 하였다. 심판하던 경찰은 그 학생이 정말 벙어리인가 아닌가를 확인하려고 뺨을 때리기도 하고 발로 차기도 했지만 학생은 끝까지 "으어으어……." 하면서 눈을 부릅뜨고 손을 옆으로 저어 아니라는 표현을 하였다.

그것을 본 일본 경찰들은 저희들끼리 한번 씽끗 웃고 나서 그 학생을 뒷문을 내보내 살려 주었다.

임기응변의 기막힌 재치와 유머로 그 학생은 포악한 일본경찰을 감쪽같이 속여 생지옥 같은 인간도살장에서 살아나왔으니 참으로 놀라운 연출이었다.

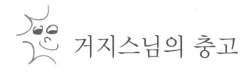 # 거지스님의 충고

옛날 타타르라는 나라의 왕이 신하들을 거느리고 길거리를 산책하고 있었다. 그때 길가에 쭈그리고 앉아 있던 거지스님이 큰 소리로 외쳤다.

"저에게 100디나르만 베풀어주신다면 제가 좋은 충고를 하나 해 드리 겠습니다."

이 말을 들은 임금은 걸음을 멈추고 100디나르를 스님에게 주었다. 그 리고 어떤 충고를 주는가 귀를 기울였다.

그랬더니 거지스님은

"무슨 일을 하든 그 일이 어떤 결과를 초래할 것인가를 잘 생각하라. 이것이 제가 드리는 충고입니다."

100디나르를 받은 충고치고는 너무 비싸다 싶었는지 신하들은 모두 실망하여 껄껄대고 웃었다.

"웃을 일이 아니다. 저 스님은 참으로 좋은 충고를 우리들에게 해주었 다. 일을 저지르기 전에 잘 생각해야 한다는 것은 누구나 알고 있지만, 우리는 평소에 그것을 잊고 살다가 재난을 맞게 된다. 그러므로 저 스 님이 준 충고는 두고두고 소중히 여겨야 할 것이다."

이렇게 말하고 궁으로 돌아온 왕은 그 교훈을 금(金)문자로 벽에 새겨 놓기도 하고 은(銀)그릇마다 적어 놓도록 하였다.

그런 지 얼마 후 왕을 암살하려는 사나이가 있었는데 그는 왕의 주치 의를 꾀어 다음과같은 약속으로 매수하였다.

"독을 바른 주사바늘로 왕의 팔을 찔러라. 그것이 성공하면 장차 내가 왕이 된 후 너에게 장관자리 하나를 주겠다."

그때 왕은 가끔 팔에서 피를 뽑아 혈액검사를 받고 있었던 것이다.

마침에 그 감언이설에 매수된 주치의는 행동을 개시할 결심을 하고 임금이 누워 있는 방으로 들어갔다. 그리고 언제나처럼 침대 옆에 왕의 피를 받아서 담을 은접시를 올려놓다가 그는 문득 그릇 바닥에 적힌 글을 보았다.

'일을 저지르기 전에 그것이 어떤 결과를 가져올 것인가를 생각하라'

이 글을 읽는 순간 주치의는 문득 크게 깨달았다.

'내가 임금을 죽인 다음에 나를 매수한 그 사나이는 제일 먼저 나를 죽일 것이 아닌가. 그래야 완전범죄가 될 것이고 나와의 약속도 지킬 필요가 없게 될 것이다.'

이렇게 생각을 한 그는 오돌오돌 떨고만 있었다.

그것을 본 왕은 "자네, 갑자기 왜 그러나?" 하고 물었다.

그러자 주치의는 왕 앞에 무릎을 끓으며

"상감마마, 제가 죽을 죄를 졌습니다."

하고 머리를 조아리며 모든 사실을 솔직하게 고백하였다.

이리하여 왕은 위기를 면하게 되었고, 음모를 꾸민 사나이는 즉시 체포되어 사형에 처하여졌다.

그리고 왕은 100디나르를 스님에게 주며 충고를 받았을 때 비웃었던 신하들을 모두 한 자리에 모아놓고 말했다.

"이래도 그때 거지스님이 준 충고를 비웃겠는가?"

신하들은 비로소 그 충고를 옳게 받아들이고 몸소 실천할 임금의 놀라운 지혜와 재치에 감탄하며 모두 그 충고를 다시 한번 가슴에 생기며 실천하기로 다짐했다.

우표 뒤의 글

유태인에 대한 히틀러의 박해가 나날이 심해갈 무렵 네덜란드에 사는 코리 텐 붐 가족들은 위험을 무릅쓰고 유태인들을 구해주기 위한 비밀 은신처를 마련하여 여섯명의 유태인을 숨겨두고 있었다.

어느 날 그의 집에 군인들이 밀어닥쳤다. 군인들은 코리의 가족을 하나하나 확인한 후 코리에게 물엇다.

"이름을 대라."

"코르넬리아 텐 붐이오."

"아, 바로 찾았고면! 자 유태인들을 어디에 숨겼는지 바른대로 말하여라."

"유태인을 숨긴 일 없소."

이렇게 태연하게 말하는 코리의 얼굴로 순간 주먹이 날아왔다.

"다 알고 왔다. 유태인들을 어디에 숨겼다?"

"무슨 말씀이신지……."

또다시 무지막지한 주먹이 날아들었다. 코리는 그만 쓰러지고 말았지만 그들의 주먹과 발길질은 쉬지 않고 계속 퍼부었졌다.

"비밀 방은 어디에 있어?"

똑같은 질문이 반복될 때마다 돌덩이 같은 주먹이 날아왔다.

코리의 입안에는 피가 흥건했고 따귀를 맞을 때마다 몸이 비틀비틀 좌우로 흔들렸으며 귀에서는 윙윙소리가 났다.

"예수님, 도와주세요!"

코리는 기도의 말과 함께 그만 의식을 잃고 말았다.

그날부터 코리는 아버지와 여동생 베시와 함께 감옥에 갇혔으며, 코리는 특별히 독방에 감금되었다.

날이 갈수록 고문은 더욱 심해서 온몸이 아프고 정신도 희미해져서 살고 싶은 의욕이 점점 사라져가고 있었다.

그러던 중 어느 날 코리에게 한 장의 편지가 날아왔다. 그 편지 역시 다른 사람의 것과 마찬가지로 미리 개봉되어 있었다. 군인들의 엄격한 검열을 거쳤기 때문이다.

고향의 가족으로부터 온 그 편지 내용에는 단순히 안부 뿐이었고 다만 겉봉투의 주소가 우표 쪽으로 기울어져 있는 것이 색다른 점이었다.

그런데 약속한 일도 없건만 코리의 손가락 끝은 저절로 그 우표 붙인 쪽으로 가서 조심스럽게 우표를 떼어 보았다. 그와 동시에 코리의 얼굴은 밝은 표정을 되찾았다. 우표뒤에 깨알같은 글씨로 다음과 같은 글이 적혀 있었기 때문이다.

'당신 옷장 안의 옷들은 모두 무사하오'

비밀 방에 숨겨 준 유태인들이 모두 무사히 다른곳으로 피했다는 뜻이었다.

독방 안에서 몰래 혼자 읽은 이 우표 뒤에 적힌 짧은 글은 코리에게 새로운 희망과 기쁨을 주었다. 실망의 늪 속에 빠져가던 코리는 그날부터 용기를 되찾고 새로운 감방생활을 시작하였다. 감방 안에서 맨손채조도 하고 거친 식사도 즐겁게 하려고 노력했다.

이렇게 가족들의 기발한 재치는 그에게 재활의 빛을 비춰 주어 마침내 1945년 전쟁이 끝나면서 코리는 감옥에서 석방되었다. 그리하여 가족들은 물론이고 숨겨주었던 여섯 명의 유태인과도 얼싸안고 감격의 눈물을 흘릴 수가 있었다.

그러나 코리의 아버지와 여동생은 영원히 돌아오지 않았다.

친구에게 총을 겨눈 비스마르크

강력한 군비확장으로 이웃 나라와의 전쟁에서 두 번이나 승리하여 마침내 독일 통일의 위업을 이루고, 철혈(鐵血) 재상이라는 별명까지 얻은 비스마르크가 젊었을 때의 이야기다.

하루는 친구와 둘이서 사냥을 갔다. 깊은 산골짜기로 들어가 사슴 한 마리를 쫓다가 그만 친구가 늪에 빠지고 말았다.

낙엽으로 덮인 늪을 모르고 앞서 뛰어가다가 발을 헛디뎌 빠졌던 것이다.

"빨리 총을 버리고 양팔을 크게 휘젓고 나오게."

비스마르크는 친구에게 외쳤다.

"물에서 수영하듯이 몸을 엎드리고 어서 빨리 기어나와."

또다시 외쳤다. 자기마저 늪에 들어간다고 좋은 수가 있는 것이 아니므로 뭍에서 발을 동동 구르며 이렇게 소리칠 수 밖에 없었다.

그 말에 따라 친구는 총도 버리고 양팔을 열심히 허우적거리면서 빠져 나오려고 애를 썼다. 그러나 팔다리의 기운만 빠질뿐, 몸은 움직일수록 진흙 속으로 더 깊이 빨려 들어갔다.

비스마르크는 총대를 한 손으로 들고 뻗어 보았으나 거리가 미치지 못하자 주위를 살펴보았다. 하지만 긴 막대를 발견할 수가 없어 당황하고만 있는 사이에 친구는 이제 목만 겨우 남은 상태였다.

그뿐아니라 이미 기진맥진한 친구는 고개를 옆으로 떨군채 눈마저 감고 있어 살아나갈 의욕을 포기한 것 같았다.

이때 비스마르크는 비상한 기지를 발휘하였다. 친구 이름을 큰 소리로 불렀다. 친구가 겨우 실눈을 뜨고 비스마르크를 바라보고 있을 때

"야, 이 못난 놈아! 네가 아무리 못났기로서니 겨우 늪에 빠져 죽고 만다는 말이야? 그럴 바에는 차라리 내가 너를 총으로 쏘아 죽이는 것이 낫겠다."

하면서 자기 총에다 실탄을 재어 넣고 친구를 향해 한 눈을 감은 채 가늠구멍과 가늠쇠를 맞추어 겨누었다. 이제 방아쇠만 당기면 친구는 죽고 마는 일촉즉발의 순간이었다.

그런데 이게 웬일인가?

탈진상태로 살기조차 포기하는 듯 하던 친구는 비스마르크가 자기를 향해 총을 겨누는 자세를 보고는 갑자기 두 눈을 부릅뜨며 지금가지 없던 모든 힘을 다 쏟아 양팔을 크게 휘두르면서 조금씩 늪 가장자리로 나오고 있는 것이 아닌가.

이것을 본 비스마르크는 한편 자기도 놀래면서 계속 총구를 친구 쪽을 향해 따라가면서 겨누었다.

이렇게 몇 초가 지나자 친구는 늪에서 완전히 기어나와 빈사상태로 늪 가에 누워버렸다. 그러나 비스마르크의 응급처치로 잠시 후 친구는 제정신을 차리고 다시 일어났다.

그런데 죽임 직전의 친구가 어디에서 그런 놀라운 힘이 생겼을까? 그것은 자기를 향한 총구멍을 보는 순간 곧 죽는다는 강박감에 눌려 그같은 무서운 힘이 솟구쳐 나왔던 것이다.

촌각을 다투는 긴박한 찰나에는 누구나 초인간적인 힘이 나올 수 있다는 예측을 하고 비스마르크는 이같이 친구를 향해 총을 겨누는 비정한 촌극을 벌였던 것이다.

매정스럽게 보이는 시늉으로 하마터면 늪 귀신이 될 뻔한 친구의 목숨을 구해 낸 비스마르크의 이러한 비범한 재치가 후일에 철혈재상이라는 별명까지 붙는 역사적 인물이 되게 한 것이다.

윤봉길 의사의 조국애와 재치

1923년 4월 29일 아침, 중국 상해의 홍구공원 입구에는 중국에 사는 일본인들 남녀와 어린이들까지 공원 안으로 몰려들어가고 있었다.

그날은 바로 일본 천황의 생일이었다. 때문에 중국을 침략하고 주둔해 있었던 일본군 주최로 공원에 모여 축하식을 거행할 예정이었다.

빼앗긴 나라를 되찾으려고 지하에 숨어 주야로 악전고투하던 우리 우국지사들 가운데 김구선생과 청년 열사인 윤봉길은 비밀리에 거사 계획을 짜 놓았고 마침내 그것을 실현하게 될 몇 십분 전이었다.

윤봉길 의사는 먼발치에서 김구 선생과 죽음길로 가는 마지막 작별 인사를 나누고, 도시락과 물병으로 위장한 두 개의 폭탄을 하나는 어깨에 메고 또 하나는 손에 들었다. 다른 한 손엔 일본 헌병의 눈을 속이기 위해 일본 국기를 들고 태연하게 일본인들 틈에 끼어 공원안으로 들어가려던 참이었다.

바로 그때 매서운 눈초리로 입장하는 사람 하나하나를 살펴보던 일본 헌병이 윤봉길을 불러 손에 든 도시락을 빼앗아 자기 무릎 위에 놓고 보자기 끈을 풀기 시작해였다.

윤봉길은 그 순간 가슴이 뛰고 숨이 막힐 듯 하였다. 보자기 끈을 다 풀고 도시락 뚜껑을 열기만 하면 즉각 폭탄이 터지는 그야말로 일촉즉발의 위기가 아닌가. 온몸의 피가 굳어지는 듯한 순간이었다.

그런데 그때 마침 하늘이 도왔는지 공원안으로 들어서는 일본인 중년 여자 한 사람을 발견한 윤봉길! 기모노를 곱게 차려입은 그 여자는 매일 아침마다 자기가 두부를 배달해 주는 집 부인이 아니었던가

"아! 옥상, 안녕하십니까?"

윤 의사는 재빨리 그 여자에게 큰 소리로 인사를 하며 기를 흔들었다. 그랬더니 그 일본인 여자도 깜짝 놀라 가까이 다가오면서

"아! 윤상, 안녕하세요? 오늘은 왜 두부를 안 가지고오셨어요?"

하고 반갑게 인사를 해 주었다.

"네, 오늘은 제가 늦잠을 자느라고 늦어서 그랬습니다. 대단히 미안합니다. 내일은 꼭 갖다 드릴게요."

이렇게 반갑게 인사를 주고받는 광경을 본 헌병은 도시락 끈 하나를 마저 풀다 말고 그대로 윤봉길에게 건네주었다. 일본여자와 저토록 반갑게 인사하는 것으로 보아 조금도 의심할 여지가 없는 젊은이라고 판단했기 때문이었다.

하마터면 천재일우의 기회를 잃을 뻔한 위기를 아슬아슬하게 넘긴 지 불과 30분 후 식이 거의 끝나가고 만세삼창을 할 찰나였다. 앞자리에 앉았던 윤봉길 손에서 단상으로 던져진 폭탄은 천지를 진동하는 폭음과 함께 순식간에 사라가와 육군대장을 비롯한 일본군 수뇌들 여러 명의 사상자를 냈고, 식장은 온통 붉은 피로 물들은 수라장이 되고 말았던 것이다. 그날의 거사를 위해 윤 의사는 수년동안 얼마나 피나는 고생을 쌓아 왔던가. 일본인 집에 두부배달까지 하면서 그들과 거짓 착한 척하며 사귀어 왔고, 그렇게 사귄 일본 중년 여자를 발견한 즉시 기발한 재치와 유머를 발휘하여 위기를 면하고 목적을 달성함으로써 국내외 한국 동포들을 흥분시켰으며 전 세계인의 이목을 집중시킨 쾌거를 올렸던 것이다.

그러나 윤의사는 그 자리에서 검거되어 조국의 광복을 보지 못한채 1932년 일본 오사까에서 사형을 받았다.

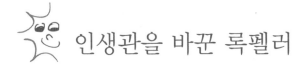

인생관을 바꾼 록펠러

1839년에 뉴욕에서 태어난 록펠러는 18세의 소년으로 한도매상의 서기로 있었으나 거기에서 받는 적은 월급만으로는 성에 안 차 큰돈을 벌어보겠다는 야망을 품고 석유회사를 차렸다.

몇 년 후 그는 특수한 판매전술로써 동업자들을 압박해 가며 많은 비난을 받았지만 마침내 미국내의 석유를 완전히 독점하고야 말았다.

그는 운동이나 오락 등 돈이 안되는 일에는 일체 눈도 돌리지 않았다. 돈 밖에는 모르는 구두쇠라는 평을 받으면서 악착같이 돈 모으기에만 혈안이 되어 마침내 33세 때 백만장자가 되었고, 43세 때는 세계 최대의 석유회사 사장이 되어 '석유왕'이라는 별명을 얻었다.

그러나 항상 돈을 벌어야 한다는 강박관념에 늘 억눌려 있었다.

'어떻게 하면 우리 회사 석유가 더 많이 팔릴 수 있을까. 내가 이룩해 놓은 성공이 하루아침에 무너지지는 않을까, 부하직원이 나를 배신하지 않을까, 혹시 다른 회사 스파이가 우리 회사 안에 들어와 있지는 않을까?'

이러한 걱정과 근심 등의 스트레스로 인해 그는 병을 얻었고, 53세 때는 결국 혼자서는 서있기조차 힘들 정도로 병약해졌다.

세계 최고의 부자가 1주일에 먹는 것이 겨우 우유 몇잔과 과자 몇 조각 뿐일 정도로 쇠약해졌다.

마침내 그의 주치의는 그에게 이렇게 선언했다.

"당신은 돈과 목숨 중 하나를 택하시오. 만일 당신이 끝내 돈을 택한다면 나로서도 어쩔 수 없소."

록펠러는 병석에 누워 오랜 고민 끝에 의사에게 고백하였다.

"나는 목숨을 택하겠소."

이러한 현명한 결단으로 그의 생활태도는 180도 달라졌다. 그때부터 그는 꽃을 가까이 하고 음악 감상을 즐기며 오락과 간단한 운동도 하면서 스트레스를 말끔히 없애자 차차 건강도 회복되었다. 그리하여 금방 꺼져갈 듯 하던 목숨에서 되살아난 록펠러는 놀랍게도 무려 98세라는 나이까지 장수를 누릴 수 있었던 것이다.

돈을 긁어 모을 때는 온갖 죄악에도 가책을 받지 않던 그가 마침내 1892년에는 극도로 나빠진 여론에 밀려 법원으로부터 10년 전에 형성했던 석유독점회사의 해체명령을 받기까지 했었다.

그러나 돈과 목숨 중 하나를 택하라는 의사의 충고를 받고 인간 생명의 소중함을 선택한 후로 완전히 다른 사람이 된 그는 가난한 사람들을 위해 기부하고, 페니실린 등 제약과 질병치료법을 연구하는 사업을 지원하였으며, 불우한 청소년들을 위한 장학재단을 설립하고, 세계 여러 나라 젊은이들의 인도주의적 사업을 아낌없이 지원하는 등 무수한 자선사업을 벌리면서 100세 가까운 행복을 샀던 것이다.

말하자면 그의 일생 중 반백 년은 어떻게 하면 돈을 더 벌 수 있을까 하고 노심초사하던 그가 죽음 직전에서 인생관을 바꾸는 재치로 생명의 위기를 넘기고, 나머지 반백 년은 그돈을 어떻게 쓸까 하는 고민으로 평생을 바친 사람이 되었다.

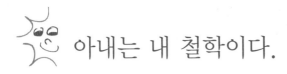 아내는 내 철학이다.

"아내는 나의 철학입니다. 아내없인 내 철학도 없습니다."

때는 1933년 나치가 정권을 잡고 유태인을 학대하기 시작한 때였다.

야스퍼스의 아내인 게르투르트 마이어는 유태인이다. 두사람이 처음 만난 것은 야스퍼스가 하이델베르크대학을 다닐 때에 같은 학교에서 만나 서로가 첫눈에 끌려 결혼하였던 것이다.

얼마 후 야스퍼스는 모교에서 철학과 심리학을 가르치는 정교수가 되었고 아내 게르투르트와 행복한 나날을 보내고 있었다. 그러나 뜻하지 않게 나치 정권으로부터 두 사람 사이를 갈라놓으려는 압박이 가해지기 시작하였다.

"아내와 대학 교수직 중 하나를 선택하라."

이러한 청천벽력 같은 명령이 그에게 내려졌다. 영광스러운 하이델베르크대학에서 계속 일하고 싶으면 유태인 아내와 이혼을 하라는 것이다. 그때 그는 이렇게 '아내없이는 내 철학도 없다'고 단호하게 말하면서 미련 없이 교수직을 버리고 아내를 선택했던 것이다.

그러나 국내에서 강의와 저작활동도 금지되고 여행도 자유롭게 다니지 못하게 되자 야스퍼스는 스위스로 망명할 결심을 하고 겨우 허락을 받았으나, 그의 아내 게르투르트는 독일에 남아 있어야 한다는 조건이 붙었다.

결국 망명도 포기하고 그 후 나치 정권이 망할 때까지 8년동안이나 숨어 그림자처럼 아내의 곁을 지켜 주었다.

만일 야스퍼스에게 그러한 용기와 재치가 없었더라면 아내도 철학도 모두 다 잃을 뻔한 위기를 벗어나지 못했을 것이다.

귀곡 선생의 점괘

 춘추시대가 막을 내리고 진, 초, 연, 제, 한, 위 조의 7국이 서로 겨루던 전국시대에 깊은 산 속에 은거하던 귀곡자라는 스승 밑에서 동문수학하던 손빈과 방연은 의형제를 맺고 출세의 길을 노리고 있었다.

 3년 후 방연이 먼저 위나라에 가서 장수가 되고자 할 때 스승은 '양을 만나 영화롭고, 말을 만나 잘못되리라'는 점괘를 방연에게 적어 주면서 "네가 남을 속이면 반드시 그 앙갚음이 네게 돌아올 것이니 절대로 남을 속여서는 안된다." 하고 말했다.

 방연은 손빈에게 자기가 먼저 출세하면 손빈을 꼭 왕에게 천거한다는 약속을 굳게 하고 산을 내려갔다.

 며칠 후에 귀곡 선생은 손빈에게 책 한권을 보이면서 말했다. "이 책은 너의 할아버지이신 손무가 지은신 손자병법이라는 책이다. 나는 너의 할아버지와 친구였기 때문에 한 권 얻어 알기 쉽게 주석까지 달아 놓았으니 정성껏 읽으면 병법을 잘 알게 될 것이다."

 어릴 때 돌아가신 할아버지와 귀곡 선생에게 깊이 감사하면서 손빈은 그날부터 밤을 새워가며 읽고 연구하여 그것을 전부 터득하였다.

 한편, 위나라에 먼저 간 방연은 대원수가 되어 자기 아들과 조카들까지 불러 장수자리에 앉혔으나 의형제인 손빈은 부르지 않았다. 손자병법까지 터득한 손빈을 추천하면 자기보다 왕의 신임을 더 받게 될 것이 두려워 약속을 어기고 왕에게 천거하지 않았던 것이다.

 그러나 귀곡 선생의 친구인 묵적이 직접 왕에게 손빈의 재주를 알려주어 손빈도 위나라의 객경이라는 높은 벼슬을 얻고 왕의 곁에서 병법에 관한 자문에 응하게 되었다.

그것은 은근히 시기하던 방연은 손빈을 없애버릴 마음까지 먹었다. 어느 날. 손빈이 제나라에 살고 있는 사촌형에게 보내는 안부편지 답장을 몰래 가로채 그 내용을 고쳐 왕에게 보이면서 손빈이 제나라에 간첩이라고 거짓 보고했다. 처음에 왕은 그것을 믿지 않다가 나중에 방연에게 처리를 맡기자 방연은 몰래 군사를 시켜 손빈의 무릎 뼈를 도끼로 자르고 옥에 가두는 등 잔인한 짓을 다 하였다.

며칠 동안 기절했다가 깨어난 손빈은 문득 위급할 때에 열어보라고 귀곡 선생이 적어주신 비단 주머니 생각이 나서 몰래 열어 보았다.

'거짓 미친 척 하라.'

거기에 이렇게 쓰인 것을 본 순간 손빈은 거짓으로 게거품을 흘리면서 깔깔대고 웃다가 울기도 하고 소리지르면서 바닥을 기어다니는 등 완전히 미친 사람의 시늉을했다.

방연은 그것을 보고 손빈이 정말 미친 것으로 알고 풀어 주었으나 얼마 후 길거리를 떠돌던 손빈이 없어지자 죽은 줄로 만 알고 있었다.

그러나 그 소문을 제나라 왕이 듣고 몰래 사람을 보내어 손빈을 데려다가 비밀리에 왕의 고문으로 앉게 되면서 손빈은 방연에게 원수 갚을 준비를 은밀히 하고 있었다.

한편 위나라의 대원수가 된 방연은 한나라를 거쳐 이긴 여세로 군사를 몰고 제나라로 쳐들어 왔다.

때를 기다리던 손빈은 손자병법에 의한 전술로 마릉이라는 가장 험준한 산에 병사를 매복시켜 놓고 거짓 후퇴하는 체 하면서 방연의 위나라 군사들을 유인하는 작전을 썼다.

먼저 위군이 지나갈 길목의 나무를 모두 베어 쓰러뜨려 장애물로 해놓고 언덕 위에 서 있는 큰 나무 하나만 세워놓은체 껍질을 벗겨 거기에다 '방연은 이 나무 밑에서 죽으리라'이렇게 먹으로 쓰고 그 아래에 자기 이름까지 써 놓았다.

그런 다음 매복시킨 군사들에게

"저 언덕에 하나 남은 나무 아래에 불빛이 밝혀지면 그것을 신호로 하여 일제히 활을 쏘아라."

이렇게 명령을 내렸다.

마침내 잔인무도한 방연은 손빈의 계책에 말려들고야 말았다.

"저 나무에 글이 씌어 있는 것 같은데, 뭐라고 쓴 것이냐?"

"날이 어두워서 잘 보이지 않습니다."

"그러면 어서 횃불을 밝혀 보아라."

그 명령에 따라 횃불이 켜지고 글씨가 보이는 순간 방연은 사방으로부터 날아오는 화살에 맞아 쓰러지면서

"아이쿠! 죽은 줄로만 알았던 손빈한테 내가 속았구나."

하면서 피를 토하며 그 자리에 쓰러졌다.

남을 속이지 말라는 스승의 간곡한 부탁을 어긴 방연은 귀곡 선생이 써 주신 점괘대로 양고기를 먹고 있던 위나라 왕 밑에서 영화를 누리다가 손빈과의 약속을 어길 뿐 아니라 그를 간첩으로까지 몰았다가 마릉이라는 골짜기에서 죽었으니 '양을 만나 영화롭고, 말을 만나 잘못되리라'라고 적어 주신 스승의 점괘대로 된 것이다.

한편, 귀곡 선생의 놀라운 재치와 점괘에 따라 위기를 면한 손빈은 방연에게 무릎 뼈까지 잘린 앙갚음을 할아버지가 지으신 손자병법에 의거 통쾌하게 갚은 것이다.

훌륭한 귀곡 선생은 두 제자의 운명도 이렇게 정확하게 점치고 계셨던 것이다.

우유 두 잔의 친절

영국의 유명한 의학박사인 메이오 원장은 승용차를 몰고 먼 길을 가다가 큰 고갯마루에서 차가 고장난 일이 있었다.

그는 누군가에게 도움을 청하기 위해 뜨거운 여름 햇볕을 받으며 고개 아래까지 터벅터벅 걸어 마을에 도착했다.

지친 몸으로 어느 집에 들어갔을 때 그 집 부인은 몹시 피곤한 듯이 보이는 신사에게 시원한 우유 한 잔을 건네주었다. 박사는 그 우유가 하도 맛있어 한 잔을 더 요구했더니 부인은 선뜻 또 한잔을 주어 박사는 그 우유를 정말 맛있게 마시고 기운을 차렸다.

몇 해가 지난 어느 날, 메이오 병원 응급실에는 낯선 부인의 응급환자가 구급차에 실려왔다. 대 수술을 받고 일반병실에 들어간 그 부인은 여러 날 만에 병이 완쾌되어 퇴원을 하게 되었다.

병이 다 나아 건강이 회복되었으니까 당연히 기뻐해야 할 일이지만. 그 부인은 조금도 기쁘지 않았다. 그것은 수술비와 여러 날의 입원비가 적지 않을 것이라는 걱정 때문이었다.

그런데 이게 웬일인가. 퇴원하는 날 간호사가 건네주는 청구서를 받아 본 부인은 깜짝 놀라지 않을 수 없었다. 그 청구서에는 다음과 같은 글이 씌어 있었기 때문이었다.

'부인의 치료비 천오백 불은 시원한 우유 두 잔으로 이미 지불 되었습니다. 메이오 박사 올림'

몇 년 전에 어느 부인이 더위에 지쳤던 자신에게 대접한 그 우유 두 잔을 메이오 박사는 영원히 잊지 않고 있었던 것이다. 두 사람은 서로 모르는 사이였지만 돕고 돕는 재치로 위기를 넘긴 것이다.

다시 생각난 노랫말

라디오 생방송으로 유명한 로키시 악단이 연주를 하던 중이었다. 가수 본도세 씨는 자신을 일약 스타로 만들어 준 데뷔곡 '웃는 익살꾼'을 부르기 위해 무대로 올라갔다. 로키시씨가 노래 제목을 소개하자 관람석에서는 일제히 환호성과 함께 박수 갈채가 터져 나왔다.

본도세 씨는 용솟음치는 듯한 감격과 정열로 노래를 부르기 시작했다. 그의 음성이 퍼지자 청중은 모두 감동의 파도에 금방 휩쓸렸다. 그런데 본도세 씨는 자신의 히트곡인 그 노래의 가사를 중간부분에 순간적으로 잊어버렸다. 몇 천번이나 부르고 또 불렀던 그 노랫말이 하필이면 생방송을 하다가 잊어버리고 만 것이다.

본도세 씨는 마치 얼어붙은 인형처럼 단원들의 얼굴만 돌려보면서 필사적으로 노랫말 기억을 더듬어갔다. 그러는 사이 오케스트라만의연주가 벌써 두 번씩이나 반복되었지만 가사는 좀처럼 떠올리지 않았다. 이것을 이상히 생각한 청중들도 드디어 눈치를 채기 시작했다.

본도세 씨의 얼굴에는 식은땀이 비오듯 했으며, 죄송스러운 마음으로 단장인 로키시 씨 쪽만 하소연하듯이 바라보고 있었다.

이때 로키시 씨는 부드러운 미소로 그에게 다가와 한 손으론 지휘봉을 휘두르고 다른 손으로는 본도세 씨의 어깨를 부드럽게 다독거려 주며 걱정하지 말라고 안심시켜 줬다. 그러자 본도세 씨의 눈동자가 번쩍 빛나더니 잊었던 노랫말이 입에서 흘러 나오기 시작했다. 그는 나머지 부분을 힘차게 실수없이 불렀다. 참으로 감동적이고 기적적인 장면이었다. 노래가 끝나자 박수와 함께 청중의 열광은 식을 줄을 몰랐다.

그리고 본도세 씨 두 눈에는 눈물이 가득히 고여 있었다.

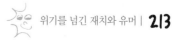

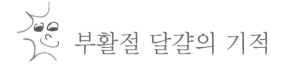

부활절 달걀의 기적

유럽 역사의 한 장을 장식하고 있는 십자군전쟁 때의 일이다.

어느 부부가 딸 하나를 데리고 행복하게 살고 있는데 십자군전쟁이 일어나 전쟁터에 나갈 병사를 모집한다는 소문을 듣고 남편은 가족과 재산을 이웃에 사는 형에게 맡긴 후 집을 떠났다.

그런데 동생의 가족과 재산을 맡은 형은 대단히 욕심이 많은 사람이었다. 형은 이 핑계 저 핑계를 대면서 동생의 재산을 다 자기 것으로 만들어 벌이고 마침내는 동생의 집까지도 팔아버렸다.

동생의 가족은 어쩔 수 없이 고향을 떠나 몇 해 동안 이리저리 구걸을 하는 거지 신세가 되엇다.

온갖 고생을 다 하던 부인과 딸은 너무 배가 고파 어느 마을 앞에서 그만 쓰러지고 말았다. 그것을 발견한 동네 사람들은 그 두 사람을 극진히 치료해서 목숨을 구해주었다. 그뿐 아니라 그 모녀의 딱한 사정을 듣고는 그들이 살 집과 입을 옷, 그리고 한동안 먹을 양식도 마련해 주었다. 그때부터 두 모녀는 동네 사람들에게 감사하는 마음으로 열심히 일을 하였다.

어느덧 한 해가 지나자 부인과 딸은 먹을 것을 걱정하지 않아도 될 정도의 재신을 모으게 되었다. 그러자 부인은 자신들을 구해준 마을 사람들의 은혜에 보답하려고 부활절에 자기 집에서 잔치를 열기로 하고 동네 사람들을 초대하였다.

두 모녀가 마련한 잔치에는 동네 사람들 뿐만 아니라 먼 곳에서도 소문을 듣고 많은 사람들이 모여들었다.

여러 가지 음식을 마련하고, 특별히 어린이들을 위해서는 삶은 달걀에 성경구절을 적어서 숨겨 두었다. 어린이들은 부인과 딸이 숨겨 둔 달걀을 찾는 보물찾기놀이를 하면서 즐겁게 놀았다.

먼 곳에서 소문을 듣고 일부러 찾아왔던 한 소년은 보물찾기놀이에서 얻은 달걀을 먹지 않고 주머니에 넣은 채 집으로 가던 중이었다.

한참 길을 가고 있는데 허름한 옷차림을 하고 길에 쓰러져 있는 한 남자를 발견했다.

"저 사람은 너무 배가 고파 쓰러졌나 보다."

하며 소년은 주머니 속에 소중히 간직했던 삶은 달걀을 꺼내어 주었다. 그랬더니 그 달걀을 받아든 그 사람의 눈이 갑자기 커지고 빛이 나면서 큰 소리로 물었다.

"예야, 너 이 달걀을 어디서 구했니?"

그 사람은 달걀에 성결구절을 쓴 사람이 분명히 자기의 부인이라고 생각되었기 때문이었다.

"저 동네에 부인과 딸이 살고 있는 집에서 주었어요."

"너 미안하지만 그 집에까지 나를 안내할 줄 수 있겠니?"

"예, 그러지요. 저를 따라 오세요."

소년은 왔던 길을 되돌아 그 남자를 부활절 잔치를 열었던 집으로 안내했다.

허름한 옷차림의 그 사내가 집안으로 들어서자 두 모녀는 깜작 놀랐다. 꿈에도 그리워 하던 아버지이며, 남편을 만난 기쁨으로 어쩔 줄을 몰라 했다.

부활절 달걀 때문에 남편은 위기를 넘기고 세 가족이 다시 만나게 된 것이다.

그 후로 해마다 부활절이 오면 그들은 많은 달걀에 성경구절을 정성껏 써서 동네 사람들을 초대해 나누어 주었다.

누명을 벗기 위한 투쟁

억울한 누명으로 인한 곤욕처럼 참담한 일은 없을 것이다.

홀먼 씨는 한 대학에서만 농구코치로 34년 간이나 일해오던 중 그가 이끄는 팀의 선수들이 뇌물을 받고 일부러 경기에서 져 준 '승부조작사건'에 관련되었다는 오명으로 기소 되었다.

홀먼 씨는 그런 사실을 전혀 모르고 있었지만 고등교육위원회에서는 그가 선수들의 부정을 알면서도 묵인했다는 죄명으로 그를 제명시키려고 했다. 그로서는 일생일대의 가장 혹독한 시련이었다. 이 기회에 더 좋은 보수를 받고 과감히 다른 대학으로 옮길 수도 있었지만 누명을 벗지 않고서는 추호도 그런 생각을 갖고 싶지 않았다.

너무 고심한 나머지 그의 아내는 위궤양을 앓고, 그 역시 56세라는 나이에 걸맞지 않게 머리가 하얗게 변해 버렸다.

그러나 무엇보다도 그에게 가장 큰 충격을 주는 것은 그가 결백하다는 것을 알고 있는 친구들마저 자신의 사업에 지장이 올 것을 염려해 그를 외면하고 있다는 점이었다.

그는 홀로 동분서주하며 외로운 투쟁을 계속하였다. 그 보람으로 신문에서도 이것을 문제삼아 대학 측의 처사를 비난하는 기사를 실었으며, 동창회에서도 그를 돕겠다고 나섰다.

일반인들의 여론도 차츰 홀먼 씨에 대한 생각이 바뀌어가던 중 마침내 교육위원회에서 '홀먼 씨는 결백하다'라는 판결을 내렸으니 용기와 재치 있는 그에게는 당연한 조치였다. 누명을 벗고도 그는 대학에 대한 애정으로 계속 남았고, 마침 농구시즌을 맞아 그가 다시 경기장 안으로 들어갔을 때 관중들은 열광적인 기립박수로 그를 환영하였다.

06
문제 해결의 지혜와 재치

인간은 언제나 선택을 하며 문제를 해결함으로써 삶을 이어 간다고 해도 과언이 아닐 것입니다. 그 선택과 해결이 어쩌면 그 사람의 미래요, 행복일 것입니다. 하지만 보통 사람보다 성공항 리더나 앞선 생각을 가진 사람들의 문제해결은 우리 보다 한 차원 위인 것 만은 사실입니다. 그들의 생각을 더듬어 보고 받아들인다면 지금의 제자리걸음 인 듯한 삶을 끌어주고, 발전의 기회를 제공해 주리라 믿어봅니다.

가터 훈장의 유래

나라에 공을 세운 사람에게 주는 훈장은 어느 나라에서나 다 있기 마련이다. 그러나 영국의 가터 훈장은 전통을 자랑하는 가장 명예스러운 훈장이며, 이것은 영국의 왕족이나 최고의 귀족, 영국과 친교를 맺은 국가의 원수에게만 주는 것이며 이란 국민에게는 25명으로 한정되어 있다.

그뿐 아니라 이 가터 훈장을 받은 사람은 가터훈작이라는 칭호를 받고 자기 이름 앞에 K.G라는 장식적인 머리글자까지 붙이는 영예를 누리게 된다. 그러면 훈장 중의 훈장이라고 할 수 있는 이 가터 훈장은 어떻게 해서 만들어졌을까?

백년전쟁을 일으킨 호전적인 영국의 국왕 에드워드 3세가 궁정에서 벌어진 무도회에서 아름다운 솔즈베리 백작 부인과 손을 잡고 열정적인 춤을 추고 있었을 때의 일이다.

음악이 최고조에 이르렀을 무렵 백작 부인의 양말 대님인 가터가 홀의 한 가운데 떨어져 버렸다. 그러자 에드워드 3세는 태연한 표정으로 그 가터를 집어들더니 재빨리 자기 다리에 꿰고는 소리쳤다.

"누구든지 이것을 악의로 해석하는 자는 수치를 느낄 것이다."

이렇게 말했다. 즉, 백작 부인의 난처한 처지를 구해준 자신의 기사도를 모욕하지 말라는 기발한 재치에서 나온 말이었다.

이때부터 가터 훈장에는 에드워드 국왕의 기사다운 그 한마디로 해서 금빛으로 새겨지게 되었던 것이다.

솔로몬과 랍비의 명판결

솔로몬의 지혜

이스라엘의 솔로몬 왕은 두 여인이 한 아기를 데리고 와서 서로 자기의 아이라고 다투는 것을 재판하게 되었다.

그들은 이웃집에 살면서 우연히 같은 날 같은 남자 아기를 낳았는데, 한 여인이 잘못하여 자기애를 눌러 죽이고는 이웃집 여인이 낳은 아기를 훔쳐갔다는 것이다.

서로 자기가 낳은 아기라고 우기는 두 여인의 다툼은 좀처럼 끝날 것 같지 않아서 솔로몬 왕은 이렇게 명령하였다.

"두 부인의 주장이 다 옳은 것 같아서 나는 재판을 못하겠소. 그러니 아기의 양팔을 하나씩 잡고 서로 잡아당겨서 이기는 쪽이 아기를 가지시오."

그러자 두 여인은 아기의 팔을 하나씩 잡고 당기기 시작했다. 그러나 한 여인의 아기의 울음소리를 듣고 즉시 아기의 팔을 놓으면서 왕에게 말했다.

"임금님. 아기에게 이렇게 고통을 주느니보다는 차라리 내가 아기를 양보하겠습니다.

그러자 솔로몬 왕은 다음과 같이 명쾌한 판결을 내렸다.

"이 아기의 어머니는 바로 당신이오. 그리고 애가 울어도 끝까지 아기의 팔을 잡아 당긴 여자는 진짜 어머니가 아니면서 내게 거짓말을 했으니 오히려 벌을 받아야 마땅하오."

랍비의 재판

이스라엘의 한 남자가 친구로부터 다음과 같은 말을 들었다.

"자네의 두 아들 중 하나는 자네의 진짜 아들이 아니고, 죽은 자네의 부인이 다른 남자와 관계를 맺어 낳은 아들이다."

이 말을 들은 남자는 그날부터 몹시 분한 마음을 참지 못하고 고심을 하다가 그것이 원인이 되어 끝내 병이 들어 죽고 말았다.

그는 죽을 때 다음과 같은 유서를 써서 친구에게 맡겼다.

'내 핏줄을 타고 난 진짜 아들에게만 나의 재산을 물려주시오.'

그 유서를 맡은 친구는 장례식이 끝난 다음 재판을 잘 하기 로 소문난 랍비에게 넘겨주면서 판결해 줄 것을 부탁했다.

유서를 읽어 본 랍비는 죽은 남자의 핏줄이 아닌 가짜 아들을 가려내야만 했다.

랍비는 곧 두 아들을 데리고 아버지의 무덤으로 갔다. 그리고 두 아들에게 명령을 했다.

"자네들의 아버지는 아버지로서의 할 일을 다 못하고 돌아가셨네. 그러니 자네들은 지금부터 못난 아버지 무덤에 침을 뱉고, 발로 힘껏 걷어차게나."

그랬더니 한 아들은 랍비가 시키는 대로 무덤에 침을 뱉고 발로 힘껏 걷어찼다. 그러나 다른 아들은 눈물을 흘리면서 랍비에게 말했다.

"선생님, 저는 차라리 아버지의 유산을 받지 못할망정 도저히 그런 짓은 못합니다."

그때 랍비는 그 아들이 진짜 아들이라고 판결을 내리고, 아버지의 재산을 모두 물려받도록 하였다.

왕의 고민을 해결한 현자(賢者)

옛날 어느 나라의 하나밖에 없는 공주가 깊은 병에 걸려 목숨이 매우 위태롭게 되었다.

왕은 크게 걱정을 하다가 마침내 포고령을 내렸다.

"공주의 병을 고쳐주는 사람이 있으면 그 사람을 내 사위로 삼고 나의 뒤를 잇는 왕위를 물려주겠다."

이러한 포고문을 대궐 밖 담벼락에 써 붙이자 궁궐에서 아주 멀리 떨어진 시골 마을에 살고 있던 삼형제가 와서 힘을 합해 공주의 병을 불과 몇 시간만에 깨끗이 고쳐주었다.

삼형제 중 첫째는 마법의 망원경을 가지고 있었다. 그래서 그 망원경으로 궁궐의 담벼락에 붙어 있는 포고령을 읽고 그 내용을 두 아우에게 알려 줄 수가 있었다.

둘째 아들은 하늘을 날아다니는 양탄자를 가지고 있어 삼형제가 그것을 타고 순식간에 궁궐로 날아올 수가 있었다.

그리고 셋째는 무슨 병이든 다 고칠 수 있는 마법의 사과를 한 개 가지고 있었다. 그 사과를 공주에게 먹인 결과 공주의 병이 개끗하게 나은 것이다.

공주의 병이 완전히 고쳐지자 왕은 크게 기뻐했으나 한 가지 고민이 또 생겼다. 포고문에 적은 대로 공주의 병을 고쳐준 사람을 사위로 삼고 왕위를 물려주어야 하는데 삼형제가 다 공을 세웠으니 그 중 누구를 택해야 하는가가 큰 고민이었다.

첫째가 가지고 있는 망원경이 없었으면 공주가 아픈 것을 아우들은 알

지도 못했을 것이고, 둘째가 가지고 있는 양탄자가 없었으면 공주는 그들이 대궐에 도착하기 전에 이미 죽었을 것이며, 셋째가 가진 사과가 없었더라면 공주의 병을 그렇게 완벽하게 고칠 수 없을 것이기 때문이었다.

왕은 고민 끝에 또다시 전국에 포고문을 냈다.

"공주의 병을 고쳐준 이 삼형제 중 누구를 택해서 사위로 삼고 왕위를 물려주어야 하는가를 바르고 공정하게 해결하는 사람에게는 많은 상을 줄 것이다."

이러한 내용의 포고문이 나가자 며칠 후 어는 현자 한 사람이 대궐로 찾아왔다.

그는 왕을 알현하고 다음과 같이 자기 의견을 말했다.

"상감께서는 그 삼형제 중 막내인 셋째를 사위로 삼고 왕위를 물려 주셔야 합니다. 그 이유는 첫째와 둘째는 지금도 그 마법의 망원경과 양탄자를 그대로 가지고 있지만 셋째는 가지고 있던 오직 한 개뿐인 사과를 공주가 먹어버렸기 때문에 지금은 아무 것도 가진 게 없습니다. 그러므로 당연히 셋째에게 공주를 시집보내셔야 합니다."

현자는 이렇게 자기의 현명한 지혜와 재치를 말함으로써 왕의 고민을 흔쾌히 해결하였다.

손바닥 안의 바둑알 하나

송나라에 가현이라는 사람은 최고수의 바둑 실력자였다.

태종이 워낙 바둑 두기를 좋아해 자주 그를 불러 대국을 벌였지만 그는 언제나 석 점을 접혀 주고 두어도 매번 태종의 승리로 끝이 나자 태종은 어느 날 가현에게 이렇게 말했다.

"나는 그대가 일부러 져준다는 것을 알고 있다. 오늘은 그대의 진짜 실력대로 두어 그대가 이기면 비단옷을 상으로 줄것이지만 만일 그대가 지면 저 연못에 던져질 것이다."

가현은 바둑판 앞에 태종과 마주 앉았다. 태종의 바둑 실력도 대단한 고수였으므로 석 점 접바둑의 이로움을 최대한 이용해 공격을 거듭하여 바둑을 유리하게 끌어가고 있었다.

그러나 백을 주니 가현도 태종의 포위망을 교묘한 작전으로 벗어나면서 여기저기에 작은 집을 지어갔다.

마침내 막상막하의 숨막힐 듯한 바득 한 판이 끝났다. 계가를 한 결과는 놀랍게도 무승부였다. 이것도 분명히 가현의 작전이었던 것이다. 이때 태종은 갑자기 고개를 들더니

"이 바둑은 석점 접바둑을 이기지 못했으니 그대가 진 것과 다름없다. 여봐라 가현을 약속대로 저 연못에 던져라."

하고 부하에게 명령하였다. 그러자 가현은 빙그레 미소지으면서

"폐하, 소신은 지지 않았습니다."

하면서 손바닥을 펴 보이는데 그안에는 검은 바둑알 하나가 있었다.

가현은 끝까지 황제에 대한 예의를 지키려했지만 그 마음이 의심을 받을 때에 최후로 손바닥을 열어 보이는 재치를 발휘했던 것이다.

지혜로운 아버지의 유서

'나의 모든 재산은 하나뿐인 노예에게 상속하되, 내 아들에게는 그 중에서 아들이 원하는 것 하나만을 준다.'

이것은 이스라엘의 어느 돈 많은 부자가 죽기 전에 써 놓은 유서 내용이다. 부자는 이 유서를 노예에게 주고 숨을 거두었다. 노예는 갑자기 부자가 된 것이 너무나 기뻤다.

아버지가 돌아가셨다는 기별을 듣고 유학 길에서 돌아온 아들은 아버지의 유서를 노예한테 받아보고 깜짝 놀랐다.

'아니 이럴수가! 아버지는 어째서 재산을 몽땅 노예에게 주고 내게는 그 중 하나만 원하는 것을 준다고 하셨나?'

아들은 너무나 서운해 랍비에게 아버지의 유서를 보였다.

그런데 그것은 자세히 읽어 본 랍비는 이렇게 말했다.

"자네 아버지는 참으로 현명하시네."

"뭐라고요? 재산을 노예한테만 다 주신 아버지가 현명하시다니요."

"그렇다네, 그 노예는 누구의 재산인가? 자네는 그 노예 한가지만 가지면 결국 아버지의 유산은 전부 자네가 상속받는 것이 되네. 만일에 아버지께서 유서를 이렇게 쓰지 않았다면 노예는 아버지가 돌아가셨다는 것조차 자네에게 알리지도 않고 자네의 집까지 다 팔아 가지고 도망갈 수도 있으니까 이렇게 유서를 쓰신 거라네. 자네는 어서 가 저 혼자서 기뻐하고 있는 노예를 갖게나.

아들은 아버지의 놀라운 지혜와 재치에 감탄하고 감사하며 랍비와 함께 집에 돌아가 자기는 노예를 갖겠다고 선언하였다. 랍비가 그 증인이 되었으니 노예의 기쁨은 그만 물거품이 되고 말았다.

인생을 바꾼 다윈

"너는 반드시 의사가 되어야 한다."

1809년에 영국에서 태어난 찰스 다윈의 아버지는 다윈을 자기처럼 유능한 의사로 키우고 싶었다.

그의 집안은 5대에 걸쳐 왕립과학자협회의 회원을 배출한 명문가였으므로 그의 바람은 어쩌면 당연한 것이었다.

처음에 다윈은 아버지의 권유에 따라 의과대학에 들어갔다. 그러나 다윈은 의학공부에 특별한 흥미를 가지지 못해 강의를 듣는 날보다 오히려 결석하는 날이 더 많았다.

아버지의 실망과 걱정은 대단히 컸으며, 아무리 타일러도 소용이 없었다. 아버지는 여러 날 고민 끝에 다윈을 케임브리즈대학의 신학부에 다시 입학시켰다. 의사가 아니면 차라리 성직자라도 되라는 소원이었다. 하지만 다윈은 신학에도 여전히 흥미를 가지지 못했다.

아버지의 걱정은 더욱 커져 열심히 설득하였지만 다윈의 귀에는 도무지 들리지가 않았으므로 그의 신학부 3년 간의 생활은 그야말로 무의미한 나날의 연속이었다.

그러던 어느 날, 다윈의 운명을 180도로 바꾸게 한 식물학자 한슬러 교수를 만나게 되었다.

하루는 한슬러 교수가 찰스 다윈에게,

"자네, 나와 함께 탐험여행을 떠나지 않겠나?"

하고 제안을 했다. 다윈은 아버지의 반대를 무릅쓰고 큰 결심을 했다. 그때 다윈의 나이 스물 두 살, 그는 대단한 용기와 재치로 자신의 인생을 새롭게 개척하게 될 항해를 떠나게 된 것이다. 아무런 보수도 받지 않고 다만 박물학학의 자격으로 해군 측량선을 탄 것이다.

다윈은 그 배를 타고 영국을 출발하여 남아메리카와 남태평양의 여러 섬들, 그리고 호주에까지 항해를 계속했다.

섬이나 대륙에 상륙할 때마다 다윈은 얼마나 열심히 그곳의 동식물과 지질을 조사했으며, 이때 수집한 자료들이 훗날 그가 발표한 진화론의 기초가 되어 역사적인 화제를 남기게 한 것이다. 5년간의 항해에서 돌아온 그는 1859년에 뜻밖에도 진화론의 주장을 하는 '종(種)의 기원'을 발표하였다.

그 진화론은 당시의 사회에 엄청난 충격을 주었고, 그때 사회를 지배하고 있었던 기독교 사상에 큰 파문을 일으켰다.

그 당시의 권위적인 성직자들은 매우 화가 났다. 만일 다윈의 진화론이 옳다면 신에 의해 만물이 창조되었다는 성경의 말씀이 거짓이 되기 때문이었다. 그들은 다윈의 책을 읽거나 가르치는 것을 적극적으로 금지시켰으나 초판 1,250부를 찍은 '종의 기원'이 단 하루만에 다 팔릴 정도로 그 책은 사람들의 관심을 끌었던 것이다.

찰스 다윈의 아버지는 여느 부모들과 마찬가지로 자식이 안정되고 선망의 작업을 갖기를 원했다. 그러나 다윈에게는 좋은 직업이라는 것이 별로 중요하지 않았다. 자신이 무엇인가를 개척하려는 적극적인 모험심이 더욱 중요하다는 판단에서 이룩한 '진화론'으로 자신의 인생을 완전히 바꾸어 놓은 것이다.

만일에 다윈이 아버지의 소원대로 의사나 성직자로 머물렀더라면 그의 이름은 세계 역사에 남아 있지 않았을 것이다.

그런 점에서 개인의 적성과 용기 있는 판단이 대단히 중요하다는 것을 찰스 다윈의 운명개혁을 통해서 누구나 느끼게 하였다.

기적의 우물물

"저는 정말 남편과 더 이상 같이 살 수가 없습니다. 남편은 집에 들어오기만 하면 신경질을 부립니다. 어떻게 하면 우리 가정이 평화롭게 지낼 수 있을까요?"

어느 부인이 수도원장인 빈첸시오 페러를 찾아와서 이렇게 불평을 털어놓았다. 수도원장은 잠시 생각을 하다가 말했다. "부인은 매일 우리 수도원의 우물물을 떠다가 집에 두시오. 그리고 남편이 집에 들어오면 즉시 그 물을 한 모금 입에 넣으시오. 단 그 물을 절대로 삼키지 말고 입안에 머금고 있다가 남편이 밖에 나간 후에 삼키시오. 그렇게 계속하면 놀라운 기적이 생길것이오."

이렇게 일러주자 부인은 즉시 수도원의 우물물을 한 병 떠 다가 집에 두었다.

남편은 그날 저녁에도 집에 들어오자마자 악담과 불평을 늘어놓기 시작했다. 부인은 즉시 수도원의 물을 한 모금 입에 머금고 다음날 아침에 남편이 집을 나갈 때까지 그 물이 입에서 새어나오지 않도록 입을 꼭 다물고 있었다. 그러자 놀랍게도 그날 밤 남편은 조용히 지냈다. 그래서 오래 간만에 온 집안이 평화로웠다.

부인은 다음날도 그렇게 하고 도 그 다음 날도 그것을 실천했다. 마침내 수도원의 우물물이 기적을 가져온 것이다.

남편의 신경질이 저절로 없어졌을 뿐 아니라 자기 부인을 남에게 칭찬까지 하였다.

이것은 부인의 말대답이 남편을 짜증나게 한 원인임을 알게 된 빈첸시오 원장의 놀라운 재치와 수도원의 우물물을 빙자해서 한 가정의 평화를 찾게 해 준 이야기이다.

명군(名君)을 만드는 재치

"경들은 과인의 잘못을 기탄 없이 말해 보시오."

위나라의 문항제는 어느 날 여러 신하들과 어울려서 술을 마시다가 술 기운이 얼큰하게 오르지 문득 이렇게 말했다.

황제의 이 말에 신하들은 앞을 다투어 아첨하기 시작했다.

"폐하, 폐하께서는 요 임금과 다를 바 없는 성군이십니다."

"폐하는 순 임금보다 더 훌륭한 명군이십니다."

하고 칭찬만을 하니까 문황제는 흥이 나서 우쭐해졌다.

그런데 이때 임좌라는 신하만은 이렇게 고했다.

"폐하, 폐하께서는 정실에 치우친 인사를 하십니다. 중산의 유수를 임명하실 대 저희들이 공로가 큰 사람을 추천했는데도 듣지 않고 아드님을 보냈습니다. 그것은 크게 잘못하신 것입니다."

이 말을 들은 황제의 얼굴은 금방 일그러졌다. 그것을 본 임좌는 잠자코 일어나더니 나가버렸다. 다른 신하들은 놀란 표정으로 황제의 눈치를 살폈다. 황제는 금방이라도 분노를 터뜨린 것 같은 표정이었다.

이때 적황이라는 신하가 황제 앞에 머리 숙여 아뢰었다.

"폐하, 폐하께서는 지금 명군이신지 아닌지를 시험당하고 계십니다. 예부터 명군은 바른 말을 하는 신하를 가까이 하였습니다. 임좌는 지금 바른 말을 하고 나갔습니다. 폐하께서는 어찌 하시렵니까?"

문황제의 표정은 순식간에 변했다. 빙그레 웃으면서

"임좌를 어서 불러오시오. 그에게 큰 상을 내려야겠소."

재치 있는 바른 말을 이렇게 우군(愚君)을 명군(名君)으로 전환시키기도 한다.

전쟁을 막은 조문(弔問)

공자가 태어난 노(魯)나라는 춘추열국 중의 한 나라였다.

"저는 전하를 조문(弔問)하려고 왔습니다."

갑자기 찾아온 제(齊)나라 사신이 무례하게도 얼토당토 않는 말을 하자 노나라 왕은 화를 내면서 이렇게 물었다.

"조문이라니, 그럼 내가 죽었다는 말인가?"

그러자 제나라 사신은 조용히 말을 하였다.

"전하의 계획이 대단히 잘못되었기에 이미 돌아가신 것과 다름없으므로 조문을 왔다고 말씀을 드린 것입니다.

"내 계획이 잘못되다니?"

"전하는 이길 수 있는 나라를 멀리하고 지는 나라와 연합을 하려고 계획을 하고 계시니가 참으로 안타깝습니다."

"그럼 당신은 제나라가 이긴다고 보는가?"

"그거야 모르는 일이지요."

"그렇다면 왜 조문을 왔다고 하는가?"

"지금 제나라와 초나라는 힘이 막상막하라 서로 노리고 있습니다. 그것은 이 노나라와는 아무 상관없는 일이고 노라라는 제 3자의 입장입니다. 그런데 왜 노나라가 나서서 그 중의 한 나라와 연합을 하려는 것입니까? 지금 전하께서 섣불리 두 나라 싸움에 끼여들어 전쟁을 일으키는 것은 쓸데없이 국력을 낭비 하는 것입니다."

이 말을 들은 노나라 왕은 고개를 끄떡이며 즉시 초나라와의 연합계획을 포기하였다. 그리하여 850여 년 동안 나라를 유지하였고, 제나라 사신의 기지와 재치로 제, 초 두나라의 싸움도 막을수 있었다.

재치 있는 질문

탈무드는 유대인의 율법 학자들의 사회의 모든 사실과 현상에 대하여 입으로 전해 오는 것을 해결해서 모은 것으로 이스라엘 국민들은 학교나 가정에서 이것을 자녀 교육에 철저히 이용하고 있다.

그 중에 이러한 대목이 있다.

유대인 학생들이 학교에서 '탈무드'를 공부하는 도중에 의문이 하나 생겼다. 그것은 탈무드를 공부하면서 담배를 피워도 괜찮은지, 아니면 절대로 피워서는 안 되는 것인지 궁금했던 것이다.

그러던 중 한 학생이 랍비에게 가서 물어 보았다.

"선생님, 탈무드를 공부할 때 담배를 피워도 괜찮습니까?"

"안돼!"

랍비는 한마디로 반대하여 이맛살을 찌푸렸다.

그 이야기를 들은 다른 학생이

"너는 묻는 방법이 틀렸어. 이번에는 내가 가서 물어보겠다."

하며 랍비에게 달려갔다.

"선생님, 담배를 피우는 동안에도 탈무드는 읽어야겠지요.?"

"그렇지! 읽어야 하고 말고."

랍비는 주저 없이 대답하면서 흡족한 표정을 지었다.

이와 같이 재치 있는 질문에는 정반대의 결과를 얻을 수 있다.

화를 녹여주는 칭찬

아들이 큰 잘못을 저질러 아버지가 매를 들고 때리려던 참이었다. 그때 마침 삼촌이 들어왔다.

"아니! 형님, 무슨 일로 그러세요?"

형수님이 대신 아들의 잘못을 자세히 말해 주었다.

"아니, 조카가 그런 잘못을 저질렀어요? 그렇다면 이번 기회에 단단히 버릇을 고쳐주어야지요."

하고 부추기면서 삼촌은 조카 앞으로 다가가 말했다.

"너 이놈, 그런 큰 잘못을 저질렀으니 아버지한테 혼나도 싸다. 그래 너 잘했느냐, 잘못했느냐?"

"잘못했어요."

"앞으로 또 그런 잘못을 저지를 거야?"

"안 그러겠어요."

"정말 앞으로는 절대로 그런 짓 안할거지?"

"예."

"너, 아버지가 다른 아버지들보다 이해심이 많으시니까 오늘은 용서해 주시는 거야. 알았어?"

"예."

"어서 아버지께 사과하고 네 방으로 들어가 공부해!"

조카는 아버지의 눈치를 보면서 머뭇거리다가 꾸벅 절을 하였다.

"아버지, 잘못했어요, 앞으로는 안 그러겠어요."

조카는 재빨리 자기 방으로 갔다. 형님은 화를 풀고 손에 들었던 회초리를 던져버렸다. 마음 속으로 더욱 기쁘게 연 것은 형수님이었다.

알렉산더 대왕의 기지

"이 보따리는 아주 소중한 것인데 누가 들고 가겠느냐?"

전쟁에 패하고 급히 도망치게 된 알렉산더 대왕은 부하들을 모아 놓고 이렇게 말했다.

그러나 맨몸으로도 도망가기에 바쁜 위급한 처지였으므로 병사들은 누구도 자청해서 앞으로 나서지 않았다.

'정말 이 짐을 가지고 갈 병사는 없는가?"

대왕은 또 한번 다그쳐서 물어 보았지만 역시 아무도 없었다.

그때 한족 팔이 없는 병사 하나가 대왕 앞으로 나오며

"저는 적과 싸우다가 팔을 하나 잃었지만 두 다리와 한쪽 팔이 있으니까 제가 가지고 가겠습니다."

하며 그 무거운 보따리를 한 팔로 들어 어깨에 매었다.

알렉산더 대왕은 만족한 표정을 지으며 급히 발걸음을 옮겼다. 다른 병사들은 가벼운 몸으로 쉽게 적의 공격을 피해 도망갔지만 짐을 맡은 병사는 겨우겨우 알렉산더 대왕을 따라서 몸을 피했다.

적의 공격에서 겨우 벗어났을 때 대왕은 병사들을 다시 한자리에 불러모으고 부상당한 병사가 가지고 온 보따리 끈을 풀었다. 그러자 그 안에서는 온갖 보물들이 쏟아져 나와 병사들을 모두 놀라게 했다.

이때 알렉산더 대왕은 엄숙하게 말했다.

'이 병사는 부상당한 몸이지만 나를 대신해서 이것을 분반하였다. 나는 위급한 상황에서도 나를 위해 목숨을 버릴 각오가 되어 있는 이 병사에게 이 보물의 절반을 나누어 주겠다."

다른 병사들은 보물을 보고 모두 부러워했지만 때는 이미 늦은 뒤였다.

청어를 살리는 비결은?

"자네는 어떻게 해서 청어를 산 채로 도시까지 운반할 수 있는가?"

"청어를 죽이지 않게 하는 비결은 도대체 무엇인가?"

영국의 북쪽 바다에서 청어잡이를 하는 많은 어부들은 자기들이 잡은 청어가 런던까지 운반되는 사이에 모두 죽어버려 제 값을 받지 못하고 있었다.

'어떻게 하면 바다에서 잡은 청어를 싱싱한 채로 도시가지 운반해 비싼 값으로 팔 수 있을까?'

이것이 항상 그들이 커단 고민거리였다. 그러던 중 젊은 어부 한 사람이 기발한 재치와 아이디어로 마침내 그 비결을 알아내 다른 어부들보다 비싼 값으로 도시민들에게 청어를 팔아 많은 돈을 벌고 있었다.

"자네만 그 비밀을 간직하지 말고 우리에게도 알려주게."

"뭐 비밀이라고 할 것까지도 없지요. 그저 뱀장어 몇 마리를 청어 물고기 통에 함께 넣어서 운반하는 것 뿐인데요."

"아니 뭐라고? 뱀장어를 청어와 함께 넣어 둔다고? 그렇게 하면 런던에 도착하기도 전에 청어는 모두 잡혀 먹힐 것 아닌가?"

"뭐 그렇게 놀라실 것까지는 없어요. 청어 몇 마리 정도는 뱀장어한테 잡혀 먹히겠지만, 그러나 다른 수백 마리의 청어들은 그 뱀장어한테 잡히지 않으려고 열심히 도망다니는 사이에 싱싱한 채로 도시까지 갈 수가 있는 것이죠."

이렇게 너무나 간단한 비결은 한 젊은 어부의 발상에서 나온 허구가 아닌 사실이었다.

친구를 구한 재치

진나라 왕과 말 잘하는 신하 중기 사이에 논쟁이 벌어졌다.

왕의 언변으로서는 도저히 그를 당해낼 수가 없어서 격렬한 논쟁 끝에 그만 손을 들고 말았다.

날아가는 새도 떨어뜨릴 수 있다는 막강한 권력을 가진 왕, 더구나 사람의 목숨도 살리고 죽이는 권한을 한 손에 거머쥐고 있는 왕에게 한번 잘못 보이거나 왕의 비위를 거슬리기만 하면 누구라도 목숨을 부지할 수 없는 전제군주시대였다.

그런데 무엄하게도 왕과 논쟁을 하다가 왕의 기분을 몹시 상하게 하였으니 중기의 운명이 장차 어찌될 것인가.

아니나 다를까, 논쟁이 끝난 후 왕은 미간을 잔뜩 찌푸리고 분한 마음을 참지 못하는 표정이었다.

왕의 그런 모습을 보고 다른 신하들은 모두 숨을 죽이고 있었다. 중기는 그런 줄도 모르고 의기양양하여 퇴궐을 하였다.

중기의 친구이자 왕의 신임을 받고 있는 한 신하가 은근히 중기를 걱정하여 왕에게 말했다.

"전하, 중기는 참으로 몹쓸 사람입니다. 전하와 같이 인자하신 현군을 모시고 있기에 다행이지, 만일에 옛날 하(夏)나라의 걸왕이나 은(殷)나라의 주왕 같은 폭군을 만났더라면 당장 목숨을 잃고 말았을 것입니다."

이 말을 들은 왕은 노기를 풀고 중기를 처벌하지 않았다.

걸왕이나 주왕과 같다는 말을 듣지 않으려는 왕의 심리를 잘 이용한 재치 있는 비유로, 친구의 목숨을 구해 준 것이다.

고참에게 배운 관용

입대한 뒤 운전병 보직을 받고 운전이라면 자신만만하던 김 하사는 어느 날 한눈을 파는 사이에 차가 길 밖으로 벗어나 밭으로 나가떨어지는 사고를 일으켰다.

다행히 사람은 다치지 않았지만 차가 완전히 부서졌기 때문에 그는 어쩔 줄을 모르고 당황했었다.

그는 바로 부대로 연락을 했고, 구난차가 오기를 기다리며 자기가 받을 처벌까지 예측을 하고 있었다. 하지만 무엇보다도 걱정한 것은 바로 무서운 고참 들이었다. 수송부대에서 교통사고는 최고의 기합꺼리가 되어 왔기 때문이다.

드디어 도착한 구난차의 운전병을 보고 그는 소스라치게 놀랐다. 평소에 그를 호되게 훈련시켰던 고참이 왔기 때문이다.

'이제 나는 죽었구나!'

하는 생각에 그는 눈앞이 캄캄했다.

겁에 질려 있던 그날 저녁, 그는 내무반 구석에 주눅든 채 혼자 앉아서 자기 이름을 불리기만을 기다리고 있었다. 바로 그때 누군가 어깨를 '툭'하고 쳤다. 아까 그 고참이 따라오라는 눈짓을 했다.

'드디어 올 게 왔구나.'

하며 그는 재빠르게 일어나 고참 뒤를 따라나섰다.

그런데 뜻밖에도 고참은 그를 커피자판기 앞으로 데리고 가더니 커피 한 잔을 뽑아 주면서 부드러운 음성으로

"너무 상심하지 마라, 누구나 운전하다 보면 한 두 번씩 사고나기 마

련이다. 그렇게 풀이 죽어 있으면 힘만 빠진다. 어서 힘내라.”

이렇게 위로해 주는게 아닌가.

사고를 낸 후 운전에 자신을 잃고 다시는 운전대를 잡을 수 없을 것 같았던 그는 고참의 따뜻한 이 말 한마디에 다시용기를 낼 수 있었다.

며칠 뒤 사고 뒤처리까지 잘 마무리되어 한숨을 돌릴 수 있게 되자 그는 고향집으로 전화를 걸었다. 가족의 안부와 자기의 무사함을 알리는 통상적인 전화였다. 참으로 오래간만의 전화였다.

그런데 뜻밖에도 그는 동생에게 엄청난 소식을 듣게 되었다. 그가 무척이나 아끼던 100만원이나 주고 산 악기를 동생이 들고 나갔다가 지하철에 두고 내렸다는 소식이었다.

그는 너무 화가나서 전화통에 대고 버럭 소리를 지를 뻔했다. 그런데 문득 며칠전의 자기의 큰 실수를 따뜻한 말로 위로해준 고참의 관용이 생각났다. 그래서 미안해 어쩔 줄을 몰라하는 동생에게

“괜찮다. 너무 걱정하지 마라.”

하고 오히려 동생을 위로해 주엇다.

만일 고참에게 그런 곤용과 위로를 받은 일이 없었더라면 그는 그날 전화기에 대고 별의별 상스러운 욕지거리까지 하면서 동생에게 화를 퍼부었을 것이다.

그는 그 후 다른 사고 없이 군생활을 무사히 마치고 제대한 뒤, 위로하기 힘든 상황이나 처지가 되었을 때마다 그 고참을 떠올리며 상대에게 위로의 말 한 마디를 건네주기에 노력하고 있다.

고참에게서 배운 관용의 지혜와 재치를 사회에서 실천하면서 고되었던 자기의 군경험을 오히려 무한히 고맙게 생각하고 있다.

'카레의 시민'이라는 조각품

　프랑스 국민정신의 표상이 되고 있는 다음의 이야기는 근대 조각의 대가인 로댕이 '카레의시민'이라는 이름의 조각품으로 만들어 인간의 참된 희생정신을 영원히 기리게 하였다.

　세계역사에도 기록되어 있는 '100년 전쟁'이라는 지루한 싸움을 영국과 프랑스가 대륙의 지배권을 차지하기 위해 전쟁을 하고 있을 때의 일이다.

　영국 왕 에드워드 3세의 공격을 받은 프랑스의 카레 시민들은 맹렬하게 저항을 했지만 역부족이라 항복할 수밖에 없었다.

　원래 프랑스의 카레 시는 영국의 상선들을 약탈하는 해적들의 본거지였기 때문에 그것에 대한 복수심에 가득 찬 영국왕은 카레 성을 함락시키고 시민들을 모조리 다 몰살하겠다고 공표하였다.

　"하지만 카레 시민을 대표하는 6명이 머리를 깎은 다음 밧줄을 목에 걸고 카레 시민의 모든 열쇠를 그 밧줄에 매단 채 맨발로 걸어서 내 앞에 나와 빌면 그들만을 죽이고 나머지 시민은 모두 살려 주겠다."

　이러한 조건을 내걸었다.

　카레 시민들은 모두 한 자리에 모여 걱정을 하며 좋은 방책을 토론하고 있었다. 그러나 누가 그러한 모욕을 당하면서 목숨을 바칠 것인가? 아무도 그런 희생자가 나오리라고는 생각하지 않았다. 한참 동안 침묵이 흘렀다. 그러던 중 "저는 저의 목숨을 바쳐 저의 가족과 시민을 살리겠습니다."

　하며 앞으로 힘치게 걸어나오는 장년 한 사람이 있었다.

　"나도 시민을 위해 내 목숨을 바치겠습니다."

"저도 기꺼이 참여하겠습니다."

"영국 왕이 약속을 지킨다면 나도 목숨을 버리겠습니다."

"나도 거기에 동참하겠습니다."

"지금 한 명이 부족하니까 내가 여섯 명을 채우겠습니다."

연달아 목숨을 포기하겠다고 지원해 앞으로 나가는 사람들이 순식간에 6명이 되었다. 그것을 본 그들의 가족은 물론이고 카레의 시민들은 모두 눈물을 흘렸다.

참을 수 없는 수모를 당하면서 목숨을 바치려고 나서는 사람이 설마 있으리라고는 예상을 하지 못했던 에드워스 3세는 6명의 카레 시민 대표가 자기가 요구한 대로 머리를 깎고 열쇠를 줄줄이 매단 밧줄을 목에 건 채 맨발로 자기 앞에 나타나자 놀래면서도 한편으론 은근히 화가 치밀었다.

"저들을 즉각 처형하라."

지체 없이 왕의 명령이 떨어졌다. 그런데 바로 이때였다.

"대왕, 저들은 자신의 목숨을 버리고 시민을 구하려는 사람들입니다. 그러한 훌륭한 사람들을 죽인다면 대왕은 역사에 악인으로 남을 것인데 그것이 두렵지 않습니까?"

소문을 듣고 황급히 달려 온 왕비의 말에 에드워드 3세는 가슴이 뜨끔하였다. 자기 이름이 악독한 왕으로 영원히 역사에 기록된다니… 이 얼마나 무서운 일인가?"

"과연 왕비의 말이 옳은 것 같소."

그는 즉시 명령을 취소하고 사형을 중지시켰다.

왕비의 재치 있는 건의로 6명의 카레 시민 대표가 무사히 돌아오자, 그 가족과 시민들의 환호성은 하늘을 찌를 듯 했으며 이 아름다운 일화는 프랑스에서 영원히 전해지고 있다.

대통령을 살린 한 표

링컨의 뒤를 이어서 대통령이 된 앤드류 존슨은 남북전쟁이 끝난 후 의회와 심한 갈등을 빚고 있었다.

존슨 대통령은 전쟁에 패배한 남부를 상대로 화해정책을 펴려 하였으나, 의회에서는 나라를 혼란에 빠뜨리게 한 남부를 강력하게 다스려야 한다고 주장하였다.

마침내 의회는 자신들이 싫어하는 존슨 대통령을 탄핵하려는 생각을 행동으로 옮겨 투표에 부치기로 하였다.

1866년에 처음으로 상원의원에 당선된 에드먼드 러스까지 대통령 탄핵안에 찬성해야 36표로 통과 될 수 있으므로 모두 그에게 기대를 걸고 있었다. 그러나 그에게 발언의 기회가 주어지자 그는

"대통령도 다른 사람처럼 정당한 대우를 받을 자격이 있다."

고 밝혀 다른 의원들은 그를 의심하기 시작하였다.

그러자 전국에서 존슨 대통령을 비난하는 전보가 러스에게 날아오고 동료 의원들도 러스를 설득하려고 몰려 왔다. 러스의 표 하나가 반대표로 되면 대통령을 자리에서 물러나게 할 수 없기 때문이었다.

드디어 운명의 투표일이 되었다. 의회 방청석은 입추의 여지없이 사람들로 가득 찼고 방청권까지 웃돈을 얹어 거래되고 있었다.

투표가 시작되자 의회 안은 숨소리까지 죽이는 엄숙한 분위기가 되었다. 러스의 투표 순서가 되었을 때 탄핵 찬성표는 이미 24표나 되어 12표만 더 얻으면 그만이지만 러스의 한 표에 따라서 결과가 결정되는 순간이었다.

이때 대법원장이 러스에게 다가와 떨리는 음성으로 물었다.

"러스 의원, 당신의 의견은 어느 쪽입니까? 앤드류 존슨 대통령이 탄핵안처럼 과연 유죄입니까?"

러스는 후일에 쓴 일기에서 그 순간의 감정을 이렇게 썼다.

'그때 나는 내가 들어갈 무덤이 내 눈앞에 있었다. 내 말 한마디에 탄핵안이 물거품으로 될 수 있었기 때문이었다.'

마침내 러스의 용기 있는 답변이 나왔다.

"존슨 태통령은 무죄입니다."

이 한마디로 투표는 끝나고 말았다. 각처에서

'당신을 위증자와 비열한 자로 배격하는 바이오'

라는 전보가 날아오기 시작하여 그의 무덤은 이미 현실로 나타나 매장되었고, 가족의 신변도 위협을 당할 지격까지 되었다. 러스는 그날 밤 그의 아내에게 이렇게 말했다.

"오늘은 수백만 명이 나를 비난하지만 언젠가는 축복해 줄것이오."

과연 러스의 예언은 틀리지 않았다. 그의 용기 있는 결단과 재치 있는 행동으로 대통령 자리에서 물러나지 않게 된 존슨은 남부 사람들을 포용하는 부드러운 정책을 강력하게 펼쳐 '러스 한 사람이 미국을 분열과 위기로부터 구출하였다.'라는 언론이나 국민들의 극찬을 받았고, 의회와 대법원은 탄핵에 관한 법률까지 개정함으로써 그가 취한 행동이 정당했음을 인정하였다. 그리고 러스는 세상을 떠나기 전까지 의회로부터 특별 연금을 받았다.

러스가 살려 낸 존슨 대통령은 그 후 대통령에 재선되었고, 러시아로부터 알래스카를 사들여 군사요지로 삼았을 뿐 아니라 거기에서 많은 지하자원을 얻는 등 훌륭한 업적을 많이 쌓아 오늘날까지도 미국 국민들의 존경을 받고 있다.

뉴톤의 만유인력

1642년에 영국에서 태어난 뉴톤은 수학자, 물리학자, 천문학자이면서 지동설을 만류인력의 법칙과 수학적인 방법으로 증명하여 정밀한 자연과학의 규범을 만들어 낸 사람이다.

'뉴톤'하면 사과와 만유인력을 생각할 만큼 그는 사과와 함께 일생을 살았다고 할 정도로 떨어지는 사과에 대한 연구에 오랫동안 집착을 하였다.

다시 말하자면 만유인력의 법칙은 뉴톤이 번뜩이는 발상으로 갑자기 간단하게 발견한 것이 결코 아니었고, 또 그는 그럴만한 천재적인 과학자도 아니었다.

초등학교에 다닐 때 시골뜨기라는 별명으로 놀림을 받았으며, 중학생 때도 늘 외톨박이였으나 다만 좋지 않은 학업성적 가운데서도 수학만은 흥미를 가져 재능이 조금 돋보였을 뿐이었다.

1665년 케임브리지에 페스트가 유행하여 휴교가 되자 고향으로 내려가 있었을 때의 일이다.

하루는 사과나무 밑에 누워 책을 읽고 있다가 사과가 떨어지는 것을 보고 문득 의문을 갖기 시작한 것이 만유인력을 발견하게 된 동기가 된 것이다.

'사과는 왜 떨어질까?'

'사과는 나무에서 떨어지는데 달은 왜 궤도에서 떨어지지 않을까?'

이러한 의문을 갖게 되었고 그날부터 그는 떨어지는 사과문제에 대해 몰두하기 시작했던 것이다.

대학을 졸업하고 케임브리지의 대학 교수가 된 후에도 뉴톤은 오로지 사과에 대한 연구에 매달렸다.

한가지 의문에 대해 끈기 있게 집착하는 자세의 성실한 태도로 수많은 실험을 거듭하였다.

무엇보다도 관찰과 실험을 중시하는 그의 방법론은 당시의 철학에도 크나큰 영향을 주었고 그것이 영국의 경험론을 낳게 하였다.

1687년에 그는 마침내 사과나무에서 사과가 떨어지는 이치를 중력(重力)이라는 원리로 설명하는 데에 이르렀으며, 달이 떨어지지 않는 것을 비롯한 전 우주를 '만유인력'이라는 하나의 통일된 체계로 일관되게 설명하는 데에 성공한 것이다.

'지구는 사과를 끌어당긴다. 그때 사과도 지구를 끌어당긴다. 이렇게 두 개의 물체 사이에서 작용하는 이 인력(引力)으로 모든 물체 사이의 질서가 잡혀가게 된다.'

참으로 오랫동안의 실험과 연구의 결과였다.

뉴톤은 온갖 실험을 통하여 운동의 3대법칙고 발표하였고, 그것이 물리학의 발전에 큰 영향을 주었다.

제1의 법칙 : 관성의 법칙

제2의 법칙 : 가속의 법칙

제3의 법칙 : 반작용의 법칙 등이 그것이다.

문제의 해결이 천재와 재능에만 달려 있는 것은 결코 아니었다.

뉴톤과 같이 하나의 재치와 영감으로부터 얻어진 문제의식을 해결하기 우해 끈질기게 매달리는 데에서만 해결이 된다는 것을 우리는 그를 통해서 배우게 되었다.

슬픔을 잊은 여인

이스라엘의 어느 마을에서 있었던 이야기다.

남편과 일찍 사별하고 어린 아들 하나만을 데리고 살던 젊은 과부가 있었는데 불행하게도 그 아들마저 사고를 당해 죽고 말았다.

과부는 억장이 무너지는 듯한 슬픔과 고통을 참을 수 없어 매일 낮밤을 계속해서 울고만 있었다. 아무리 이웃 사람들이 찾아와 위로를 해주어도 그녀의 슬픔은 좀체로 사그라들지 않았다. 보다못한 친구가 현명한 랍비에게 데리고 갔더니 과부는 랍비의 옷자락을 붙잡고 울면서 사정했다.

"제발 어르신의 기도와 마술의 힘으로 저의 아들이 다시 살아 돌아오도록 하여 주십시오. 저의 하나밖에 없는 아들이 영영 살아오지 못한다면 저도 죽고야 말겠습니다."

이렇게 호소하자 랍비는 상냥한 목소리로 그녀에게 말했다.

"당신의 슬픔은 충분히 이해하겠소. 내일부터 당신은 여러마을로 다니면서 아직까지 슬픈 일을 한번도 당한 일이 없는 가정을 찾아 그 집에서 겨자씨 한 알을 얻어 오시오. 그러면 내가 당신의 슬픔과 고통을 말끔히 씻어주겠소."

이 말에 희망을 갖고 과부는 즉시 겨자씨를 구하려고 길을 나섰다.

제일 먼저 과부는 부잣집을 찾아갔다. 부잣집이면 슬픔과 불행한 일이 한번도 없었을 것이라고 생각했기 때문이었다.

건물이 웅장하고 아름답게 꾸민 저택을 찾아가 대문을 두르렸다. 문을 열고 나온 여인에게 과부는 이렇게 말했다.

"저는 지금까지도 한번도 슬픈 일을 겪어 본 적이 없는 집을 찾고 있습니다. 그리하여 그 집에서 겨자씨를 한 알 얻고자 합니다. 댁이라면 틀림없이 슬픈 일을 당한 일이 없으시겠지요? 제발 저의 소원을 들어주십시오. 그러면 불쌍하게 죽은 우리 아들을 다시 만날 수가 있을 것입니다."

"아니, 우리 집이 슬픈 일을 한번도 겪지 않았다고요? 그렇다면 잘못 찾아오셨습니다. 우리 집도 슬픈 일을 숱하게 겪었습니다."

하면서 부잣집 여인은 안으로 들어오게 한 후 툇마루에 앉아 과거에 자기 가족의 슬프고 고통받았던 이야기를 길게 늘어 놓으면서 흐느껴 울기 시작하였다. 과부는 한참 동안 그것을다 듣고 나서 고개를 끄떡이며 다른 마을로 발길을 돌렸다.

이번에는 높은 벼슬을 하는 집을 찾아갔다. 그러나 그 집여인도 역시 과거에 겪은 슬픔을 회상하면서 장황하게 이야기를 해 주었다.

과부는 그 집에서도 고개를 끄떡이며 발길을 돌렸다.

과부는 이렇게 여러 날 여러 달을 각처로 돌아다니며 자기의 요구를 사정해 보았지만, 가는 곳마다 기다리는 것은 슬픈 이야기뿐이고, 그 슬픔이 없었던 집은 단 하나도 없었다.

그런데 이상한 일이 생겼다. 과부는 그 많은 사람들과 함께 불행한 이야기를 나누면서 슬퍼하다 보니 애초의 겨자씨를 얻으려던 목적은 어느새 잊어버리고 오히려 그와 같은 슬픈일을 겪은 사람들에게 동정심을 갖게 되고 위로해 주고 싶은 마음만 가슴에 꽉 찰 뿐이었다.

아들을 잃고 눈물로만 지내던 과부는 랍비의 슬기로운 재치로 마침내 슬픔도 고통도 말끔히 없어지고 마치 새로 태어난 사람처럼 생기를 되찾아 집으로 돌아와서는 새로운 삶을 시작하였다.

사기를 돋군 노래

제2차 세계대전이 일어나 나치 독일군이 유고슬라비아를 침공해 왔을 때 그에 대항하여 싸우는 빨치산을 티토 장군이 이끌고 있었다.

그들은 정규군이 아니기 때문에 나이 든 사람도 있었고 여자와 아이들도 섞여 용감하게 싸우고 있었다.

그러나 파죽지세로 쳐들어오는 나치군 때문에 실탄과 급식 보급로 마저 끊어지고 네레트바 강까지 밀려갔을 때는 전염병까지 돌아 빨치산의 사기는 극도로 떨어지고 모두 기진맥진한 상태였다.

게다가 날이 저물 무렵 눈이 오기 시작하자 나치군의 공격은 더욱 거세져서 늘어나는 부상자의 신음소리만 점점 높아져가고 적군과 싸울 일말의 의욕마저 버렸다.

그런데 바로 그때였다. 어디선가 아코디언 소리가 들려왔다. 빨치산 중에 다리를 다친 한 노인이 아코디언을 힘차게 연주하면서 빨치산 노래를 부르기 시작한 것이었다.

누워있던 부상병들이 그 소리에 하나 둘씩 고개를 들며 따라 부르기 시작했고, 그것이 곧 우렁찬 합창이 되어 밤하늘로 울려 퍼져나갔다. 나치 공군의 폭격 속에서도 빨치산의 노래를 웅얼거리며 쓰러지는 전우들을 보면서 그들은 더욱 사기충전하여 마침내 그날 밤 독일군을 완전히 섬멸시키고야 말았다.

그리고 빨치산의 지도자 티토는 전쟁 후에 대통령이 되었다.

부상당한 노병 한 사람의 재치로 부르기 시작한 노래가 이렇게 아군의 사기를 돋구어 주고 승리로 이끌었던 이 전쟁의 실화는 후에 영화로 만들어지기까지 하였다.

지혜롭게 나눈 유산

　늙은 아버지가 세 아들에게 낙타를 유산으로 나누어 주었다. 낙타는 모두 17마리인데, 그 나라 풍습에 따라 큰아들에게는 ½을, 둘째 아들에게는 ⅓을, 셋째 아들에게는 1/9씩 으로 분배하되, 낙타를 한 마리도 죽이지 말고 나누라는 아버지의 유언이었다.

　그러나 17마리의 낙타를 가지고 어떻게 ½, ⅓. 1/9로 나누는가? 아들은 고심하던 끝에 현명한 랍비에게 가서 사정을 말했다.

　그때 랍비는

"내가 낙타 한 마리를 빌려 줄 터이니 그것과 합쳐서 분배를 마치고 내 낙타는 도로 가져오기."

하며 낙타 한 마리를 빌려주자 형제들은 다음과 같이 분배하였다.

　낙타는 모두 17 + 1 = 18

　　　18 x ½ = 9마리 … 큰아들 몫

　　　18 x ⅓ = 6마리 … 둘째아들 몫

　　　18 x 1/9 = 2마리 … 셋재 아들 몫

　　　18 − (9+6+2)=1마리 … 랍비에게 도로 갖자 줄 낙타

이렇게 해결이 되었다.

　그뿐 아니라 큰아들은 9 − (17 x ½) = 0.5 … 0.5마리 더 가졌고, 둘재 아들은 6 − (17 x ⅓) = 0.34 … 0.34마리 더 가졌고, 셋째 아들은 2 − (17 x 1/9) = 0.11 … 약 0.1 마리 더 갖는 등 3형제는 모두 아버지의 유언보다 조금씩 더가진 셈이 되었다.

몽고메리의 기적

  인종차별이 심했던 과거 미국에서는 대부분의 버스마다 백인과 흑인의 좌석이 구분되어 있었다.

  "어이, 깜둥이! 어서 일어나지 못해?"

  버스에 올라탄 한 백인이 빈자리가 없어 운전사에게 좌석을 요구하자 운전사는 흑인 지정석에서 졸고 있던 파크스에게 이렇게 소리를 질렀다.

  백화점에 재봉사 조수로 일하는 흑인 로자 파크스는 지친 몸으로 버스에 올라 흑인 지정석에 앉아 졸고 있는데, 별안간 운전사의 고함소리에 놀라 잠에서 깨어났다. 그러나 그는 운전사의 모욕적인 고함소리에 분노가 치밀어 좌석을 양보하지 않고 앉아 있었다.

  "이봐 깜둥이, 귀 먹었어? 아무리 깜둥이 지정석이라도 그렇지! 백인이 서 있으면 자리를 양보할 줄 알아야지. 요즘의 깜둥이들은 도대체 제 분수를 모른단 말이야!"

  운전사가 다시 소리쳤다. 버스 안의 백인들은 모두 일제히 낄낄거리며 웃었다. 하지만 같이 탄 흑인들은 그들과 대항해 싸울 힘이 없었다.

  오히려 파크스가 자리를 순순히 양보하고 조용히 일어나기를 바라고 있었다.

  그러나 파크스는 조금도 움직이지 않았다. 파크스의 너무도 완강한 태도에 백인들의 비웃음소리도 어느새 없어지고, 그런 태도가 못마땅한 운전사는 버스를 파출소 앞에 세웠다.

  결국 파스크는 경찰에 의해 버스에서 끌려나갔고, 이 소식은 그날 밤 몽고메리 시의 수많은 흑인들에게 전해졌으며 흑인들은 모두 분함 마음을 억누를 수가 없어 격분하고 있었다.

  마침내 다음 날 아침 몽고메리 시에서는 큰 일이 벌어졌다.

흑인들은 잘못된 인종차별에 대항하기 위해 단 한 명도 버스에 타지 않기로 결의한 것이다.

"이제는 우리의 힘을 보여 줍시다. 인종차별의 버스가 없어질 때까지 절대로 버스를 타지 맙시다."

이 도시의 모든 흑인들은 대부분 공장이나 공사장의 일을 하기 때문에 버스를 이용하지 않을 수 없는 데도 불구하고 이렇게 결의하고, 걸어서 다니거나 택시를 이용했다.

그렇게 되고 보니 백인들이 경영하는 버스회사가 모두 문을 닫게 되었다. 그들은 흑인들을 상대로 온갖 위협과 탄압을 계속해 보았지만, 그럴수록 흑인들의 단합은 더욱 굳어질뿐 절대로 굴복하지 않았다. 그 뿐 아니라 그 후부터 마틴 루터 킹 목사를 비롯한 흑인 지도자들의 인종차별 없애기운동이 전국적으로 확산되어 갔다.

마침내 1년이 지날 무렵 흑인들의 단합된 효과는 결실을 맺었다. 드디어 인종차별이 없는 버스가 나타나기 시작했으니 당시로서는 참으로 믿기 어려운 일이었다.

사람들은 이 사건을 '몽고메리의 기적'이라고 불렀다. 또한 인종별로 좌석을 정한 버스가 전국적으로 사라지게 되었을 뿐 아니라 많은 인종차별법의 폐지를 가져왔다.

결국은 파크스의 용기 있는 행동이 잘못된 사회제도를 고칠 수 있었으니 행동이 없는 야심은 나약한 사람들의 변명에 그칠 뿐이라는 것이 증명되었다.

1955년 미국의 몽고메리 시에 살던 흑인 한 사람으로 비롯되어 일어난 일로 후세까지도 기리 남을 것이다.

공정한 재판

어느 날 가난한 농부가 길에서 돈주머니 하나를 주웠는데 그 안에는 1천 달러의 돈이 들어 있었다.

농부는 그것을 집으로 가지고 와 아내에게 보이자 아내는

"여보, 이것은 가난하게 사는 우리를 불쌍히 여기시고 하나님께서 내리신 은혜일거예요."

하며 크게 기뻐하엿다.

그러나 다음 날 돈을 잃어버린 부자가 '자기 돈을 찾아주는 사람에게는 1백 달러의 보상금을 주겠다.' 는 방을 여기저기 에 써 붙인 것을 보고 농부는

"여보, 이 돈을 주인에게 돌려 줍시다. 그리고 1백 달러의 보상금만 받고 정직하게 살아갑시다."

이렇게 말하며 방에 써 붙인 주솔 찾아가 주머니를 건네 주었다. 그리고 약속대로 보상금을 주인에게 요구했다.

그런데 웬일인지 부자는 고맙다는 인사는커녕

"이것은 내 돈주머니가 분명하다. 그런데 내 돈주머니에는 1천 5백달러가 있었는데 왜 1천 달러만 가져왔느냐. 어서 정직하게 5백달러를 마저 내 놓아야 보상금을 주겠다."

며 터무니없는 누명을 씌우려고 했다. 농부는 어이가 없어

"나는 한 푼도 떼지 않고 그대로 가지고 왔소."

하고 정직하게 말했지만 부자는 들은 체도 안하고 도리어 농부를 관가에 고발하여 재판을 받게 하였다.

재판관은 먼저 농부게 물었다.

"당신이 주운 이 돈주머니 안에는 얼마가 들어 있었소/"

"저는 한 운도 떼지 않고 주운 그대로 1천 달러 전부를 주인에게 돌려주었습니다.

그 다음에 재판관은 부자에게 물었다.

"당신이 잃어버린 돈주머니에는 얼마가 들어 있었소?"

"제가 잃은 돈주머니 안에 1천 5백 달러가 들어 있었다는 것은 하나님도 다 아시는 사실입니다."

이렇게 태연하게 말하엿다.

두 사람의주장을 다 들은 재판관은

"1천 달러가 들어 있었다는 농부의 말도 옳고 1천 5백 달러를 잃었다는 부자의 말도 거짓이 아니므로, 1천 달러가 들어있는 이 돈주머니를 잃어버린 주인은 따로 있을 것이다. 그러니 그 주인이 나타날 때까지 이 돈은 관가에서 맡아 두기로 하고 마음씨 한 농부에게는 법의 규정대로 주운 돈의 10분의 1에 해당하는 1백 달러의 보상금을 이 돈에서 떼어주는 것이 마땅하다." 이렇게 판결을 내렸다.

그러자 부자는 크게 당황하여

"재판관님, 제가 잘못했습니다. 사실은 제가 잃어버린 돈은 1천 달러였습니다. 그 돈에서 약속했던 보상금을 안 주려고 꾀를 낸 것입니다. 용서하여 주십시오."

이렇게 사죄하면서 몇 번이고 머리를 조아렸다.

"그대는 재판관 앞에서까지 거짓말을 한 죄가 인정되니 벌을 받아야 마땅하므로 징역 1년에 처하고 이 돈은 나라에서 몰수한다."

이렇게 선고하였다.

재판관의 재치로 이렇게 문제가 공정하게 해결되어 농부는 터무니없는 누명을 벗고 보상금까지 받았으나 욕심 많은 부자는 자기 꾀에 빠져 벌을 받게 되었다.

지혜로운 나그네

　옛날에 한 나그네가 어느 마을을 지나다가 보니, 그 마을 사람들은 모두 자기밖에 모르고 있었다.

"이 마을 사람들의 마음씨를 단단히 고쳐 주어야겠군."

　나그네는 마을 사람들에게 서로 다정하게 도와가며 지내는 마음을 키워주려고 한 가지 꾀를 내었다.

　그는 동네 한복판에 서서 큰 소리로 외쳤다.

"여기에 요술 돌멩이가 있습니다. 이것을 솥에 넣고 끓이면 둘이 먹다가 한 사람이 죽어도 모를 정도의 맛있는 국이 됩니다."

　나그네가 소리치는 말을 듣고 동네 사람들은 하나 둘씩 모여들었다. 나그네는 큰 솥을 가져 오라하고 미리 주머니 속에 감추어 두었던 돌멩이 하나를 넣었다. 그리고 우물물을 부어 끓이기 시작하자 동네 사람들은 숨을 죽이고 나그네의 행동을 지켜보았다. 물이 끓기 시작하자 나그네는 국자로 떠서 한 모금 맛을 보았다.

"음, 맛이 좀 부족하군, 감자를 조금 넣으면 좋겠는데…."

　그러자 한 사람이 껍질이 벗겨진 감자 한 광주리를 가져왔다. 나그네는 감자를 넣고 더 끓이다가 또 맛을 보고 말했다.

"여기에 쇠고기를 조금만 넣으면 정말 훌륭하겠는데…."

　이 말이 끝나기도 전에 어느 아주머니가 급히 쇠고기를 집에서 가져왔다. 나그네는 보글보글 끓는 국에 그 쇠고기를 넣고 끓이다가 또

"쇠고기는 넣었지만 야채가 없어서 제 맛이 날지 모르겠군."

　이렇게 마하자 사람들은 각자 집에 가서 여러 가지 야채를 가져왔다

　나그네가 그 야채를 많이 넣고 계속 끓이면서 이제는

"그릇이 ….."

하면 모두들 그릇을 가져오고,

"숟가락….."

하면 제각기 집에 가서 숟가락을 가져오느라고 분주하였다.

마침내 국이 다 끓자 나그네는 사람들에게 엄숙히 말했다.

"자 이제는 이 솥 안에 넣은 요술 돌멩이 덕분으로 맛있는 국이 다 끓여졌습니다. 모두 그릇과 숟가락을 가지고 차례차례 줄을 서시오. 맛이 기가 막히게 좋을 것입니다."

하며 일일이 국을 조금씩 퍼 주었다. 그 맛이 너무 좋아서

"조금만 더 주시오."

"나도요, 나도요."

하며 사람들이 야단법석을 떨어 국은 금방 다 없어졌다.

그때 나그네는 솥 안에 넣었던 돌을 꺼내 들고 동네 사람들에게 또 한 번 엄숙하게 말했다.

"여러분! 여러분이 지금 맛있는 국을 먹을 수 있었던 것은 이 요술 돌멩이 때문이 아닙니다. 이 돌은 요술 돌멩이도 아니고 그냥 길바닥에 굴러다니는 돌입니다.

"여러분이 먹은 맛있는 국은 여러분이 가져온 재료들 때문입니다. 그와 같이 여러분 한 사람 한 사람의 작은 힘을 모으면 맛있는 국을 끓일 수도 있고, 큰 힘을 낼 수도 있는 것입니다. 그러므로 지금까지의 이기적인 마음과 생활태도는 버리고 서로 협력하고 도와가며 살아가십시오."

이렇게 말을 맺고 나그네는 그 동네를 떠났다.

동네 사람들은 크게 깨닫고 그 후부터는 대문을 활짝 열고 서로 왕래하며 다정하게 지내게 되었다.

실루엣 영상화 기법의 탄생

　프랑스의 루이 15세가 통치하고 있을 때 나라의 재정이 말라 극도의 위기에 봉착하게 되었다.

　더 이상의 국고 낭비가 계속되면 면세특권을 가지고 호화로운 생활만을 하고 있는 귀족들에게도 세금을 부과할 수밖에 없는 형편이었다. 그래서 정부는 고등법원에 대해 그 면세특권을 가지고 있는 귀족들에게도 세금을 부과하는 세제개혁을 승인하도록 요청하였다.

　하지만 그 고등법원을 장악하고 있는 사람들이 주로 귀족들이기 때문에 그 요청은 계속 부결되어 거부당하고 있엇다.

　그러다 보니 나라의 재정위기는 아무도 해결할 수 없는 형편이었다.

　바로 이때 프랑스의 재무장관으로 임명된 사람이 실루에트라는 경제학자였다. 실루에트는 프랑스 정부가 최악의 상태에서 가장 어려운 임무를 맡은 장관이 된 것이다. 프랑스의 재무장관이라는 자리는 막강한 권력을 행사할 수 있는 지위였다.

　실루에트는 재무장관이 되자 곧바로 나라 살림의 개혁을 시작하였다. 그는 국민들에게 극단적인 절약생활을 강요하여 국고의 지출을 막았고, 국왕의 경비도 크게 삭감하였다.

　그러나 절약생활을 하는 것만으로는 부족했다. 워낙 비축된 돈이 말라 세입을 늘려야만 국고를 충당 할 수 있었던 것이다.

　그래서 어쩔 수 없이 실루에트는 다시 귀족들과 성직자들이 가지고 있는 멘세특권을 빼앗고 그들에게도 세금을 부과하려고 하였다. 하지만 실루에트의 그러나 정책에 대해 귀족이 아니라 성직자들이 가만히 있을 리가 없었다.

그들은 왕족과 결탁하여 실루에트의 정책에 강력하게 반대하고 나섰다. 게다가 지금까지 내던 세금 액수를 더 올리려는 계획에 대해서는 일반 시민들까지 함께 반대하고 나섰다. 결국 이렇게 사면초가를 당한 실루에트는 재무장관에 취임한지 겨우 4개월만에 그 자리에서 물러나고 말았다.

그러자 면세특권을 가진 사람들은 또다시 호화스러운 낭비 생활을 계속하게 되었고, 얼마 후 프랑스는 마침내 대혁명이 일어나 큰 소용돌이 속에 휘말리게 되었다.

한편, 실루에트는 겨우 넉 달만에 장관자리에서 물러났지만 그의 절약 정신만은 결코 꺾이지 않았다.

그는 귀족들이 낭비생활을 하는 내용을 면밀히 검토해 본결과 그 중에 한 가지 중요한 것을 발견했다. 그것은 그들이 초상화를 그리는 데에 막대한 돈을 쓴다는 점이다.

귀족들은 으레 자기의 초상화를 후손들에게 오래 남기고 싶어했으며, 그것은 귀족들의 상식처럼 되어 있었다.

실루에트는 이것에 대한 절약 방안을 연구하기 시작하였다. 오랜 연구 끝에 드디어 그는 막대한 돈이 드는 초상화를 대신할 수 있는 사진 기술을 고안하는데 성공한 것이다.

실루에트의 아이디어로 고안된 이 사진술은 반면영상법으로서 100년이 지난 후부터 본격적으로 유행되기 시작했다.

그의 이러한 영상화 기법을 우리들은 지금도 실루엣이라고 부르고 있다.

₍! 성공여부를 결정짓는 디저트 맛

서양 음식을 먹은 뒤에 나오는 디저트 맛은 그 음식점의 성공여부를 결정지을 만큼 중요하다.

뉴멕시코주에서 레스토랑을 경영하던 호이트 씨는

"우리 레스토랑을 상징할 만한 독특한 디저트를 만들 수 없을까?"

늘 고민하던 어느 날 좋은 디저트를 만들기 위해 아이스크림과 여러 가지 과일즙을 섞는 실험을 수십 차례 해보았다.

하지만 그때마다 만족할 만한 결과는 얻지 못했다.

그러던 어느 날, 그는 순간적으로 떠오른 발상으로 아이스크림에 초콜릿과 소스를 얹은 디저트를 만들어보라고 종업원에게 지시했다. 잠시 후 종업원이 그것을 만들어 가지고 왔는데 그때 마침 단골 손님이 와서 그는 그 새로운 디저트를 먹어 볼 겨를이 없었다. 우선 냉장고에 넣어두라고 하고는 며칠동안 호이트 씨도 종업원도 그것을 까맣게 잊고 있었다.

며칠 후에야 종업원이 생각이 나 호이트 씨엑 말했다.

"아, 참! 며칠 전에 만든 디저트를 냉장에 넣어두라고 하셨는데 그거 갖다 드릴까요?"

"참, 그랬었지, 그걸 잊고 있었구먼, 어서 가져와봐."

종업원이 가져온 디저트 잔 주위에는 하얗게 성에가 끼어 있었는데, 그것이 녹은 다음 한 숟갈 먹어본 호이트 씨는 깜짝 놀랐다. 딱딱하게 언 아이스크림이 뭐라 표현할 수 없는 맛 좋은 디저트로 변해 있는 것이 아닌가. 호이트 씨는 쾌재를 불렀다.

 그토록 고심하던 디저트 문제가 순간적인 재치로 해결된 것이다.

지혜로운 "노파"

이 세상에서 가장 아름답다는 평을 받고 있는 스웨덴의 한 귀족부인은 매우 정숙한 여인으로 자기 남편 이외의 어떤 남자로부터 유혹을 받아도 절대 마주 대하는 일이 없다는 소문이 나 있었다.

어느 해 귀족이 몇 년 동안 외국에 가서 살게 되었다. 귀족은 아름다운 부인을 혼자 집에 두고 떠나는 것이 좀 불안했지만, 아내가 워낙 정숙하다는 것을 믿고 안심하며 길을 떠났다.

귀부인도 남편의 마음대로 정숙하게 지내고 있었다.

그러던 중 그 마을의 젊은 청년 하나가 미모의 귀부인을 짝사랑하게 되었다.

청년은 여러 사람을 통해 많은 보석과 선물을 보냈지만 일체 거절을 당하자, 마침내 그 청년은 상사병에 걸리고 말았다. 저녁마다 잠을 못 이루고 사모하다가 몸이 몹시 쇠약해졌는데도 그는

"한번만이라도 귀부인의 미모를 보고 죽으면 한이 없겠다."

하며 그 집 주위를 맴돌면서 얼굴만이라도 보기를 청했다.

하지만 귀부인은 냉정하게 거절을 했고, 그로 인해 청년은 너무나 슬프고 괴로워했다. 그 집앞에서 넋을 잃고 서 있기를 며칠, 그러던 어느 날 지나가던 노파가 청년에게 그 까닭을 물었다.

"할머니, 저는 이 집의 귀부인의 얼굴을 한번만이라도 보면 저의 병이 곧 나을 것 같습니다."

하고 하소연했다. 노파는 청년을 위로해 주면서 말했다.

"자네 소원대로 내가 문제를 해결해 줄테니, 걱정 말게."

노파는 자기 집에서 기르는 암캐를 방 안에 가두어 며칠 동안 굶겼다가 사흘 후에 매운 겨자를 발라 개에게 먹였다. 너무나 배가 고팠던 개는 덥썩하고 그 빵을 먹고는 며칠동안 눈물을 한없이 흘리고 있었다.

노파는 눈물을 흘리는 그 암캐를 안고 귀부인 집에 마실을 갔다. 귀부인은 동네에서 평판이 좋은 그 노파를 안심하고 반갑게 맞았다.

한참 동안 대화를 하던 중 귀부인은 눈물을 몹시 흘리고 있는 개를 보고 그 까닭을 물었다. 노파는 슬픈 표정을 지으며

"부인, 이 개가 우는 까닭을 묻지 마오. 너무나도 가슴 아픈 사연이 있어서 그 이야기를 다 하기 전에 내가 죽을 지도 몰라요."

이렇게 말하자 귀부인은 더욱 궁금해져 캐물었다. 한참만에 노파는 크게 한숨을 쉬고는 이야기를 시작하였다.

"이렇게 눈물을 흘리고 있는 이 암캐가 사실은 내 친딸이라오. 이렇게 되기 전에는 기가 막히게 이쁘고 행실이 바른 내 외동딸이었는데, 어느 젊은 청년이 내 딸을 보고 반해서 상사병에 걸리고 말았죠. 하지만 내 딸은 그 청년에게 너무도 인색했다오. 상사병이 점점 심해진 그 청년은 결국 죽고 말았지요. 그 젊은이가 죽은 후 얼만 안되어 그의 원혼이 내 딸을 이렇게 개로 둔갑시켜 놓고야 말았어요. 그것이 너무도 분하고 창피해서 나는 그 고향을 떠나 이 마을로 이사와서 이렇게 외롭게 사는 거라오."

노파는 여기까지 이야기를 하다가 눈물은 닦았다.

노파의 이야기를 들은 귀부인은 금방 걱정스러운 표정으로 변했다.

"할머니, 저도 아주 딱한 사정에 놓여 있어요. 어느 청년이 저를 사모하다 상사병에 걸려 매일같이 저의 집 주위를 돌면서 저를 만나고 싶어해요. 하지만 할머니, 저는 남편이 있는 몸인데 어쩌면 좋아요?"

하고 근심 어린 눈으로 노파를 바라보았다.

귀부인의 이야기를 듣고 난 노파는 물었다.

"댁의 사정도 참 딱하네요. 그런데 그 청년의 소원은 무엇이라던가요?"

"제가 이 세상에서 둘도 없는 미인이라는 소문만을 듣고 한번만이라도 얼굴을 보면 여한이 없다는 거예요."

"그렇다면 부인, 부인은 내 딸처럼 매일같이 눈물만 흘리는 개로 둔갑당하지 말고 얼굴만 한 번 보겠다는 그 젊은이의 소원을 들어주는 것이 좋을 것 같군요."

"할머니, 꼭 그렇게 해야만 되겠어요?"

"글쎄, 지금 와서 후회해도 소용없는 일이지만 그때 내가 딸을 설득시켜 그 청년을 한 번 만나보게만 했더라면 이렇게 암캐로 둔갑되지는 않았을 것인데, 너무나 내가 무심했어요. 나의 뼈저린 경험에 비추어서 하는 말이니 부인을 잘 생각해서 처신하세요."

"네, 할머니 말씀 고맙습니다. 그 청년의 원대로 한 번만 저의 얼굴을 보여 주겠어요."

이렇게 말하는 귀부인 말을 듣고 노파는 마음 속으로 흡족히 여기며 개를 안고 돌아갔다.

노파가 간 후 귀부인은 대문을 열고 밖으로 나가 청년을 만났으며 남편이 있는 자기의 처지를 이해해 달라고 설득했다.

그러자 청년은 남편을 그토록 극진히 사랑하는 부인의 마음에 오히려 감동하여 미안하다는 인사말을 남기고 그녀의 곁을 떠나 새로운 삶을 찾았다.

큰 죄와 작은 죄

현명한 노인에게 두 여인이 가르침을 받고자 찾아왔다.

키 큰 여인은 젊었을 때 남편을 버리고 개가 했던 것을 평생 뉘우치면서 자신을 큰 죄인이라고 생각하고 있었으나, 키 작은 여인은 지금까지 아무런 죄를 짓지 않고 살아왔다고 자랑하였다. 노인은 키 큰 여인에게

"당신은 밖에 나가서 큰 돌 하나를 주워 오시오."

라며 일렀으며, 키 작은 여인에게는

"당신은 작은 돌 여러 개를 주워 오시오."

이렇게 일렀다. 잠시 후 키 큰 여인은 큰 돌 하나를, 키 작은 여인은 작은돌 여러 개를 자루에 넣어 가지고 왔다.

노인은 두 여인에게 다시 일렀다.

"두 분은 지금 주워 온 그 돌들을 반드시 먼저 있었던 자리에 도로 갖다 놓고 오시오."

그러자 키 큰 여인은 큰 돌 한 개를 쉽게 먼저 있었던 자리에 놓고 돌아 왔지만 키 작은 여인은 작은 돌들이 어느 것이 어디에 있었는지를 알 수가 없어서 하나도 제 자리에 놓지 못하고 돌아왔다.

"사람의 죄도 그것과 마찬가지오. 큰 죄를 잊지 않고 항상 뉘우치고 있지만, 작은 죄는 마치 작은 돌들이 어디에 있었는지를 모르는 것과 같이 자신도 모르는 사이에 무슨 죄를 어디서 지었는지도 모르고 '나는 아무런 죄도 없다'고 교만하기 쉬운 것이오."

노인의 재치 있는 가름침을 받고 두 여인은 크게 깨달았다.

재치, 해학, 풍자를 담은

유머와 화술

초판인쇄 2018년 09월 20일
초판발행 2018년 09월 30일

편 저 자 이득형
펴 낸 곳 도서출판 청 연
출판등록번호 제 18-75 호
주   소 서울시 금천구 시흥대로 484(2층)
전   화 02-851-8643 팩스 02-851-8644